KB205545

# 부흥의 파도

## (The Wave of Revival)

# 부흥의 파도(The Wave of Revival)

초판 1쇄 인쇄   2023년  7월  7일
초판 1쇄 발행   2023년  7월  7일

지은이 | 김요셉
펴낸이 | 김경일
펴낸곳 | (주) 도서출판 에제키엘(舊, 도서출판 비전)
출판등록 | 2005.01.20(제2005-9호)
사업자번호 | 392-90-00517
주소 | 경기 일산동구 성석동 1268
전화번호 | 010-7281-1678
팩스 | (02) 6280-6362

ISBN 979-11-967313-3-5

# 부흥의 파도

김요셉

에제키엘 출판사

# 부흥의 파도

# 차 례

# 부흥의 파도

## ❝추천의 글❞

"본서는 최근 들어 기독교에 대한 사회적 신뢰도가 점점 떨어지면서 한국교회의 미래가 결코 밝지만은 않다는 위기의식에서 출발한 책이다. 사람들은 이처럼 어려운 상황을 타개함에 있어서 가장 시급한 과제가 윤리와 도덕의 회복에 있으며, 지역사회와 함께하고 지역 공동체를 세우는 마을목회에 있다고 말한다.

그러나 이 모든 것들의 근본과 출발점이 저자가 강조하는 성령목회에 있음은 불문가지의 사실이다. 진정한 위기의 극복은 사람의 힘으로 되는 것이 아니라 성령 하나님의 도우심과 능력에 의해서만 가능하기 때문이다. 따라서 "성령적 교회성장"에 초점을 맞춘 본서는 한국교회의 반성을 촉구하는 한편으로, 하나님이 원하시는 바른 목회의 방향을 제시해주는 귀한 안내서가 아닐 수 없다.

본서의 일독을 적극 권한다"

- 강성열 교수 (호남신학대학교, 구약학)

"교회성장과 부흥을 지난 세대의 신학적 유물로 여기는 오늘날의 풍토에서 다시 한번 교회의 부흥을 꿈꾸는 세대들이 나타나기를 희망한다. 이 책은 교회부흥에 대한 매우 실천적인 지침서이다"

– 박종환 교수 (실천신학대학원, 설교학)

"저자인 김요셉 목사님은 한국교회의 부흥과 갱신을 가져올 수 있는 유일한 원천이라는 확신에서 이 책을 집필했고, 이 책이 오늘 우리 주변에 스며든 영적 퇴락을 물리치고 영적 해갈을 가져올 수 있다는 확신에서 이 책을 기술했습니다. 이 책이 읽혀지고, 이 강산과 대지에 영적 해갈을 가져오고, 드디어는 우리가 꿈꾸는 1907년과 같은 대 부흥을 가져오는 역사가 일어나기를 기대해 봅니다"

– 이상규 교수 (고신대학교 신학과, 신과대학 학장)

"모든 이들은 자기가 하는 분야에 부흥되길 갈망합니다. 코로나 때문에 모든 분야가 많이 침체된 이때는 특별히 부흥이 요청되고 있습니다. 어느 때보다도 각 분야에 부흥이 간절한 시점에 맞춰서 부흥의 파도라는 제목만으로도 흥분이 됩니다. 이 책을 읽는 이마다 부흥이 몰려오는 축복을 누리는 주인공이 되는데 지대한 영향을 미칠 것 믿어 이 책을 강력히 추천합니다"

– 심재선 목사 (한국교회연합 명예회장,
한국기독교 지도자협의회 공동회장)

# 들어가는 말

"부흥의 파도"는 부흥이 어떻게 우리에게 오는가 하는 것을 심도 있게 다룬 책입니다. "부흥의 파도", 이 책이 소중한 것은 이 책은 부흥을 주시는 성령님의 역사와 하나님의 부리는 종으로써의 천사들의 역사 그리고 부흥의 주춧돌이 되는 신학적인 근거들을 매장에서 공시적으로 고찰하고 그리고 매 장에서 제시된 부흥의 근거들을 교회의 역사를 통하여 통시적으로 고찰하였다는 점입니다.

부흥은 무엇보다 하나님의 거룩함에 접촉할 때 이루어지는 것입니다. 죄인된 인간이 어떻게 하나님의 거룩함에 접촉할수 있는지 10가지로 깊이 있게 설명하고 있기에 이 책이 더욱더 소중한 책입니다.

이 책을 통하여 모든 교회에 하나님이 주시는 놀라운 부흥의 역사가 줄을 잇기를 간절히 소망하며 기도합니다.

2023년 6월 성석동 골짜기에서

김요섭 목사 배상

# 부흥의 파도
# (PCD 교회성장)
# 진단 설문지 사용법

(Pneumatic Church Development)
(Phenomenal Church Development)
(Pareto Church Development)

이 설문지는 10개의 원리로 되어 있습니다
파레토의 법칙(Paleto' law)에 따라

10개의 원리의 각 원리의 10개 질문항목중에
8개 이상의 질문항목에 ○표가 체크될 경우
그 원리에 부합한 교회가 됩니다

10개의 원리중 2개의 원리가
10개 항목중에 8개 이상의 항목에
○표가 체크될 경우

그 교회는 파레토의 법칙(Paleto' law)에 따라
성장하는 교회가 됩니다(2:8의 법칙)

나머지 8가지의 원리를 강화할 경우
롱테일의 법칙(long tail' law)에 따라
더욱 부흥하는 교회로 성장하게 됩니다

**The wave of Revival**

# 들어가는 말 – 성령 목회

당신의 교회의 부흥을 원하십니까?
교회의 성령에 대한 관심도를 점검하십시요

**부흥의 본질은 하나님의 나타나심입니다.**

많은 경우에 부흥을 교인의 숫자의 폭발적 증가로 인한 성장이라고 생각을 합니다. 그래서 이를 위해서 이러저러한 노력들을 합니다. 하지만 이것은 부흥의 열매일 수는 있으나 부흥의 본질은 아닙니다.

부흥의 본질은 '하나님의 나타나심'입니다. 그래서 영혼들이 구원을 받고, 마을과 도시 공동체의 거룩함이 회복되는 것입니다. 즉, '부흥은 하나님의 나타나심의 결과 영혼과 도시 공동체에 하나님의 나라가 회복되는 것이다.'라고 할 수 있습니다. 그래서 영어로 부흥은 '다시 살아남'이란 의미를 가진 revival입니다.

고신대 이상규 박사님은 그의 논문에서 부흥을 이렇게 정의하십니다.

# 1. 부흥이란 무엇인가?

'부흥'이란 인간의 삶 속에 역사하시는 하나님의 능력에 대한 포괄적인 개념으로써 근본적으로 생명(life)과 각성(awakening), 곧 살아나고 깨어나는 것을 의미한다(겔37:5, 6, 14, 욥33:4, 왕상17:22, 눅15:24, 32). 일반적으로 부흥은 "영적인 영역에 있어서의 하나님의 간섭" 혹은 "죄인들과 성도들에 대한 하나님의 특별한 은총" 혹은 "하나님께서 그 백성들 가운데 오시는 행위"로 정의되어 왔다[1].

혹은 "하나님의 성령이 그의 백성들에게 부어지는 일" 그리고 "주의 임재로 말미암아 새로워지는 영적 변화" 등으로 정의하기도 했다. 아더 윌리스(Arthur Willis)는 부흥이란 "하나님께서 장엄하신 능력으로 자신을 죄인들에게 계시하시는

---

[1] 이후 "부흥은 어떻게 오는가?" 글에서 (고신대, 이상규 교수)에서 인용

일"이라고 정의했다. 부흥운동사가인 에드윈 오르(Edwin Orr, 1912-87)는 부흥이란 "그리스도의 교회에서 또 그와 관련된 신앙공동체에서 신약 기독교에서 보는 성령의 역사"로 설명하기도 했다. 이런 점들을 포괄하는 마틴 로이드 존스의 정의는 보다 종합적이다. 그는 부흥이란 "성령께서 비상하게 역사하실 때 교회의 생활 속에서 체험되는 현상"이라고 설명했다.

이 점을 속죄의 역사에 적용하여 로버트 콜만(R.Coleman)은 부흥은 "하나님이 그의 백성들을 찾으시고 소생시키시고 기운을 북돋으시고 그들을 풍성하신 축복 속으로 인도하시는 하나님의 주권적인 사역"이라고 정의했다. 그래서 부흥의 현상은 인간의 마음속에 성령의 역사로 나타나는 변화라고 할 수 있다. 즉 침체되고 퇴락한 상태에서 영적 변화와 활력이 나타났다면 그것을 '부흥'이라고 할 수 있다.

이상을 종합해 보면 부흥은 영적 생명을 소유한 자와 그 공동체에 나타난 현상이라는 점에서 일차적으로 그리스도인과 관계된 것이며, 부흥은 성령의 역사로 나타나는 새로운 활력 혹은 영적 각성이라는 점에서 외적 변화를 동반한다. 그래서 부흥은 2가지 특징을 지니는데, 첫째는 교회 지체들의 영적 심화를 경험하게 되고, 둘째는 그 결과로서 교회 밖에 있던 이들이 회심하는 역사가 나타난다는 점이다. 이렇게 볼 때 부흥은 전도나 수적 성장과는 구별된다.

한국교회 일각에서 '부흥'을 단순히 수적인 성장이나 외적인 확장 정도로 이해하고 있으나 이것은 부흥의 외적 결과일 뿐이다. 부흥은 한국교회가 경험했던 바처럼 단순히 수적 성장이나 발전이 아니라 일차적으로 영적인 변화와 각성이었다. '성장'(growth)이 점진적이며 진화론적이라면 부흥(revival)은 돌연함이 있는 혁명적인 성격을 지닌다. 성장은 인간의 계획과 프로그램에 의해 어느 정도 성취될 수 있지만, 부흥은 하나님의 강권적인 역사, 혹은 성령의 역사로 나타나는 현상이다. 따라서 부흥은 일차적으로 한 개인의 영혼 속에 이루어지는 변화와 각성이며, 수적인 성장은 그 결과로 나타나는 현상일 뿐이다. 아더 월리스의 말처럼, "그리스도인을 소생시키는 것은 뿌리요, 죄인을 구속하는 것은 열매이다." 부흥의 돌연함과 비규칙성은 인간의 의지에 따른 결과가 아니라는 점을 보여준다.

## 교회성장과 성령

성령과 교회성장은 절대적 관계이다. 성령이 없으면 교회도 없고, 교회성장도 불가능하다. 교회는 성령의 피조물이요, 성령은 교회성장의 주체이시기 때문이다. 교회성장의 3대 요인은 교회 밖의 환경적 요인, 교회 안의 기관적 요인, 교회 위의 영적 요인이다. 이 중에서 가장 중요한 것이 성령이 주관하시는 영적 요인이다. 교회성장에서 성령이 중요한 일곱가지 이유를 살펴보자2)

1. 교회성장은 영적인 능력에 달려있기 때문이다

교회를 성장시키는 영적인 능력에는 십자가 복음의 능력(롬 1:16), 하나님 말씀의 능력(렘23:29), 예수 이름의 능력(행 3:16), 그리고 성령의 능력(슥4:6)이 있다. 이러한 영적인 능력은 인간적인 원리와 함께 성령께서 역사하실 때 나타나는 능력이다.

2. 오늘의 시대가 성령의 시대이기 때문이다

교회성장의 비결은 시대적인 영적흐름을 타는 것이다. 구약시대가 성부의 시대, 신약시대가 성자의 시대라면 교회시대는 성령의 시대이다. 특히 20세기 이후는 늦은비 성령의 시대이다. 성령의 능력을 강조하고 성령운동에 동참하는 교회는 예외없이 성장한다.

3. 성령은 현재적인 하나님의 임재이기 때문이다

성도가 만나는 하나님은 오늘 이 자리에서 만나주시는 하나님이시다. 하나님을 만난 체험이 확실한 성도가 많을수록 교회가 성장한다. 예배와 성경공부와 교제와 증거의 삶에서 하나님을 체험하고 구원의 확신을 주시는 분은 성령이다.

---

2) 이하, 명성훈 목사 글에서(교회성장연구소) 인용

## 4. 성령은 예수화의 지름길이기 때문이다

예수께서는 철저하게 성령을 의지하시면서 삶을 사셨고 사역을 행하셨다. 예수는 자신과 똑같은 인격과 능력으로 다른 보혜사이신 성령을 약속하셨다. 그러므로 성령충만은 예수충만이다. 예수처럼 되고, 예수처럼 살기 위해서는 성령으로 충만해야 한다.

## 5. 성령은 성경말씀을 확실하게 하시기 때문이다

성령은 성경의 저자이실 뿐만 아니라 성경의 해석자요 적용자이시다. 하나님 말씀을 확실하게 이해하고 실천하게 하시는 이가 성령이시다. 성경이 과거의 기록이 아니라 현재적인 하나님의 음성이 되기 위해서는 성령의 감화감동 즉 조명이 필요한 것이다.

## 6. 성령은 교회의 사역을 주도하시기 때문이다

성령은 보혜사이시다. 보혜사란 돕는자, 교사, 위로자, 대언자, 인도자, 중보자의 뜻을 가지고 있다. 성령 보혜사의 도움이 없이는 기도든, 전도든 어려운 것이 아니라 불가능하다. 주의 일은 사람이 하는 것이 아니라 성령이 하시는 것이다.

## 7. 성령은 예배의 영이시기 때문이다

예배가 살아야 교회가 산다. 예배가 예배되기 위해서는 프로그램이 아니라 성령이 함께하셔야 한다. 예배란 하나님과의 교통이다. 하나님과의 교통을 책임지시는 분이 성령이시다. 성령의 교통이 없는 예배는 죽은 예배이다. 성령충만이란 지속적인 교통 자체이다.

## 교회성장과 성령목회

목회의 주체는 성령이시다. 부흥의 파도는 성령이 만드시는 것이다. 사람은 단지 그 부흥과 성장의 파도를 탈 뿐이다. 목사와 평신도가 아니라 성령이 주관하시는 목회가 되기 위해서는 어떻게 할 것인가? 성령목회를 위한 7대 원리는 무엇인가? 3)

1. 성령이 교회성장의 주체임을 인정하라

교회는 예수님의 교회이다 (마 16:18). 교회는 하나님이 자라게 하신다 (고전 3:6). 즉 교회성장의 주인은 사람이 아닌 성령이시다. 이 사실을 절실히 인정해야 한다. 성령을 교회성장의 주도자, 전략가, 동력자로 인정하고 환영하고 의지하고 모셔들이라. 성령을 이용하지 말고 오히려 성령에게 이용당하

---

3) 이하, 명성훈 목사 글에서(교회성장연구소) 인용

라.

## 2. 성령에 대해 늘 열린 마음을 가지라

많은 경우 처음에는 성령께서 살 집을 짓지만 그 후에는 그 집이 성령을 가두어 버리고 있다. 교회 안에 갇혀서 아무 일도 못하시는 성령이 되어서는 안된다. 성령을 인격적으로 받아들이라. 성령을 환영하는 분위기를 만들라. 목회자 자신부터 성령에 대해 열려 있으라.

## 3. 성령에 대해 공부하라

성령에 대한 무지와 무관심 그리고 오해는 무능력보다 더 위험하다. 성령론적 사고방식을 가지라. 성령의 초점으로 성경을 읽으라. 성령에 대한 서적 50권 이상을 독파하라. 성령이 함께하는 교회를 방문하라. 듣고 배우고, 보고 깨닫고, 만나고 만들라 (Listen & Learn, Watch & Wake Up, Meet & Make!)

## 4. 성령에 대해 가르치라

성령에 관해 시리즈로 설교하라. 성령세미나를 개최하라. 성령의 인격에 대하여, 능력에 대하여, 은사에 대하여, 열매에 대하여, 그리고 인격적 교통에 대하여 가르치라. 성령세례와 성령충만이 무엇인지 명확하게 하라.

## 5. 성령충만을 위해 기도하라

기도한다는 것은 성령을 의지한다는 것을 의미한다. 성령충만은 기도로 가능하다. 성령충만한 교회는 저절로 되지 않는다. 성령충만한 교회는 열정(passion)과 순결(purity)과 기도(prayer)와 능력(power)과 찬양(praise)과 가난한 자(poor)가 있는 교회이다.

## 6. 성령충만한 사람과 함께 하라

성령은 분위기에 민감하다. 부정적인 사람들의 모임에는 역사하지 않으신다. 긍정적이고 믿음이 충만한 사람들과 교제하라. 성령충만한 사람을 사역자로 쓰고, 성령충만한 사람들을 훈련하라. 성령충만은 또 다른 성령충만을 전염시킨다.

## 7. 성령과 교통하는 삶을 살라

성령충만은 한번 사건이 아니라 지속적인 삶의 연속이다. 활동(activity)이 아니라 삶 자체(lifestyle)이다. 성령의 교통이란 임재, 친교, 나눔, 동역, 친밀, 친구, 순종 등을 포함한다. 목회자가 성령과 교통하는 삶을 살면 반드시 교회는 살아날 것이다.

# ※ 진단 점검 사항 ※

❶ 당신의 교회는 성령이 교회성장의 주체임을 인정하십니까?

❷ 당신의 교회는 성령에 대해 늘 열린 마음을 가지고
   있습니까?

❸ 당신의 교회는 성령에 대해 늘 공부하고 있습니까?

❹ 당신의 교회는 성령에 대해 늘 가르치고 있습니까?

❺ 당신의 교회는 성령충만을 위해 기도하고 있습니까?

❻ 당신의 교회는 성령충만한 사람들이 많습니까?

❼ 당신의 교회는 성령과 교통하는 삶을  살고 있습니까?

❽ 교회성장은 성령이 하시는 것임을 믿습니까?

❾ 성령세례와 그 중요성에 대하여 당신은 인정하십니까?

❿ 당신의 성령충만함의 표식들을 잘 알고 있습니까?

"그리스도께서 그처럼 강조하시고 소개시켜
주시며 부탁하신 성령을 무시하는 것은
대단히 어리석은 것이다"
(존 스토트)

# 부흥의 파도

# 제 1원리

당신의 교회의 부흥을 원하십니까?
당신의 교회의 말씀론(설교)을 점검하십시오

말씀의 역할을 먼저 살펴보고자 합니다.

단적으로 베드로전서의 1장 23절의 말씀을 보면 우리는 <말씀의 첫째 역할>은 인간을 거듭나게 하는 것입니다. 23절의 말씀입니다.

"너희가 거듭난 것이 썩어질 씨로 된 것이 아니요 썩지 아니할 씨로 된 것이니 살아 있고 항상 있는 말씀으로 되었느니라"

여기서 흥미로운 것은 '씨'(seed)라는 단어입니다.
본래 원문에서의 이 단어의 여기서 비롯된 영어 단어가 무엇인줄 아십니까? 곧 '정충'이라는 단어입니다. 한 남자가 한 여인을 사랑하여 그녀의 밭에 사랑의 씨를 뿌리면 한 새 생명이 태어나듯 우리 인간이 하나님의 사랑을 깨닫고 하나님의 말씀의 씨를 받아 드리면 우리는 거듭나 하나님의 자녀가 되는 것입니다.

약 1:18을 읽어 보십시요.

"그가 그 피조물중에 우리로 한 첫 열매가 되게 하시려고 자기의 뜻을 따라 진리의 말씀으로 우리를 낳으셨느니라"

무엇으로 우리를 낳으셨다고 하십니까? 진리의 말씀, 영원하신 말씀으로 우리를 하나님의 자녀가 되게 한 것입니다.

하나님의 말씀은 지금도 살아 있습니다.

"하나님의 말씀은 살아 있고 활력이 있어 좌우에 날선 어떤 검보다도 예리하여 혼과 영과 및 관절과 골수를 찔러 쪼개기까지 하며 또 마음의 생각과 뜻을 판단하나니"(히 4:12)

하나님의 말씀은 좌우에 날이 선 어떤 검(any double-edged

sword)보다 예리하다고 하였습니다. 단순하게 은유적으로 설명하면 하나님의 말씀은 날이 2개인 검보다 예리하십니다. 날이 하나인 면도날은 수염이나 털을 온전히 베지 못할수 있습니다.

그러나 날이 2개인 면도날은 앞 날이 베지 못한 수염이나 털을 이중으로 자시 베기 때문에 깔끔히 털이나 수염을 베어냅니다. 그만큼 양날은 날카롭고 예리합니다.

하나님의 말씀은 그러합니다. 우리의 삶의 모든 문제를 해결할만큼 하나님의 말씀은 살아있고 힘이 있고 예리하고 날카로운 권능입니다. 하나님의 말씀이 해결치 못할 문제는 하나도 없습니다.

> "이에 그들이 그들의 고통 때문에 여호와께 부르짖으매 그가 그들의 고통에서 그들을 구원하시되 그가 그의 말씀을 보내어 그들을 고치시고 위험한 지경에서 건지시는도다"
> (시 107:19~20)

하나님은 오늘도 말씀을 보내십니다. 살아있는 말씀으로 하나님은 오늘도 변함없이 우리를 구원하시고 고치시고 위로하십니다.

성장하는 교회는 설교 말씀이 좋다는 것입니다. 이것에는 이론의 여지가 있을수 없습니다. 교회 성장은 성령이 하십니다. 그 어떤 인간적 요인도 들어갈수 없습니다.

사도행전 10장에서 베드로가 하나님의 말씀을 전할 때 성령이 듣는 모든 자에게 임합니다.

"베드로가 이 말을 할 때에 성령이 말씀 듣는 모든 사람에게 내려오시니 베드로와 함께 온 할례 받은 신자들이 이방인들에게도 성령 부어 주심으로 말미암아 놀라니 이는 방언을 말하며 하나님 높임을 들음이러라"(행 10:44~46)

설교 말씀을 통하여, 성령이 말씀듣는 모든 자에게 부어지고 임하며 이 성령의 은혜를 통하여 교회는 성장하는 것입니다.

말씀을 전할 때 불이 임해야 합니다. 말씀은 불이기 때문입니다.

"여호와의 말씀이니라 내 말이 불 같지 아니하냐 바위를 쳐서 부스러뜨리는 방망이 같지 아니하냐" (렘 23:29)

말씀을 전할 때 불이 임하고 성령이 임합니다. 따라서 말씀의 역사가 있는 교회는 반드시 성령의 역사가 있고 성령의 역사가 있는 교회는 반드시 부흥의 역사를 경험합니다.
말씀이 곧 부흥입니다.

말씀을 통하여 우리는 새로이 거듭나게 되고(벧전 1:23) 성령의 새생명을 잉태받게 되고(약 1:18) 성령 충만함의 권능을 체험(행 10:44~45)하게 되는 것입니다.

한국의 수만개의 교회가 있지만 말씀의 생수가 흐르는 교회로 교인들은 모이게 되는 것입니다.

아모스 8:11에 보면, 하나님께서는

"보라, 날이 이를지라. 내가 기근을 땅에 보내리니 양식이 없어 주림이 아니며 물이 없어 갈함이 아니요 여호와의 말씀을 듣지 못한 기갈이라" 이라고 말씀하십니다.

당신의 교회에 말씀의 생수가 흐릅니까?
홍수 때에는 물이 넘칩니다. 그러나 홍수물은 먹을수 없습니다. 한국에 수만개의 교회가 있습니다. 그러나 참 생수의 말씀이 흐르는 교회는 드뭅니다. 한국의 수만개의 교회가 있지만 말씀의 생수가 흐르는 교회로 교인들은 모이게 되는 것입니다.

어떤 목회자에 대한 교인들의 설교의 평가를 들으면 냉혹합니다. 도대체 목사님이 설교시간이 뭐라고 하시는지 핵심을 알아듣지 못하겠다는 것입니다. 이런 교회가 부흥 성장을 기대한다는 것은 요원한 일입니다.

말씀에는 영의 말씀이 있고 육의 말씀이 있습니다.

그래서 예수님께서는

"살리는 것은 영이니 육은 무익하니라 내가 너희에게 이른 말은 영이요 생명이라" (요 6:33) 라고 말씀하십니다.

즉 영의 말씀이 있고 육의 말씀이 있고, 영의 말씀은 우리를 살리고 육의 말씀은 우리 영혼을 죽입니다.

예수님의 말씀은 우리 영혼을 살리는 영(프뉴마)의 말씀이고 생명의 말씀(조에)이었습니다.

예수님은 숨을 내쉬시며 말씀하실 때 영의 말씀이 흘러나왔습니다.

> "이 말씀을 하시고 그들을 향하사 숨을 내쉬며 이르시되
> 성령을 받으라" (요 20:22)

기도와 찬양에도 영의 기도와 영의 찬양의 역사가 있어야 합니다.

> "내가 만일 방언으로 기도하면 나의 영이 기도하거니와 나의
> 마음은 열매를 맺히지 못하리라 그러면 어떻게 할꼬 내가 영으로
> 기도하고 또 마음으로 기도하며 내가 영으로 찬미하고 또
> 마음으로 찬미하리라" (고전 14:14~15)

말씀의 부흥의 역사가 있을 때 교회는 반드시 살아납니다. 에스겔 37장의 마른 뼈가 살아나듯이 영의 말씀은 우리 죽

은 영혼을 살립니다.

"여호와께서 권능으로 내게 임재하시고 그의 영으로 나를 데리고
가서 골짜기 가운데 두셨는데 거기 뼈가 가득하더라
나를 그 뼈 사방으로 지나가게 하시기로 본즉 그 골짜기 지면에
뼈가 심히 많고 아주 말랐더라 그가 내게 이르시되 인자야 이
뼈들이 능히 살 수 있겠느냐 하시기로 내가 대답하되 주 여호와여
주께서 아시나이다  또 내게 이르시되 너는 이 모든 뼈에게
대언하여 이르기를 너희 마른 뼈들아 여호와의 말씀을 들을지어다
주 여호와께서 이 뼈들에게 이같이 말씀하시기를 내가 생기를
너희에게 들어가게 하리니 너희가 살아나리라"(겔 37:1~5)

또한 말씀의 역사가 있을 때 우리의 중심은 상한 심령이 되
며 뼈가 떨리는 영적 진동을 경험하며 포도주에 취한 사람
과 같은 영적 깊은 감격을 경험하게 됩니다.

"선지자들에 대한 말씀이라 내 중심이 상하며 내 모든 뼈가
떨리며 내가 취한 사람 같으며 포도주에 잡힌 사람 같으니 이는
여호와와 그 거룩한 말씀을 인함이라"(렘 23:9)

말씀의 검은 우리의 혼과 영과 관절과 골수를 찔러 쪼깨며
우리의 마음의 생각과 뜻까지 파악하십니다.

"하나님의 말씀은 살았고 운동력이 있어  좌우에 날선 어떤
검보다도 예리하여 혼과 영과 및 관절과 골수를 찔러 쪼개기까지
하며 또 마음의 생각과 뜻을 감찰하나니"(히 4:12)

이러한 살아있는 영의 말씀의 역사가 있을 때, 우리는 베드로와 같이 고백하게 됩니다.

> "예수께서 열두 제자에게 이르시되 너희도 가려느냐 시몬
> 베드로가 대답하되 주여 영생의 말씀이 주께 있사오니 우리가
> 누구에게로 가오리이까" (요 6:67~68)

주님에게 영의 말씀, 영생의 말씀이 있기에 결코 주님을 떠날 수 없다는 베드로의 고백입니다.

그러나 영의 말씀, 영생의 말씀이 없는 곳에는 심각한 불행이 있습니다.

> "묵시가 없으면 백성이 방자히 행하거니와
> 율법을 지키는 자는 복이 있느니라" (잠 29:18)

영의 말씀의 묵시가 없는 곳에는 백성이 방자히 행한다고 했습니다. '방자히 행한다'는 말은 원어적인 의미로 성적인 타락을 의미하기도 하고, '반란' '불순종'을 의미하기도 합니다.

영의 말씀의 묵시가 없는 곳에는 분열과 반목과 불순종과 반역만이 있을 뿐입니다. 영적 무질서와 혼란이 영의 말씀이 없는 곳에 있다는 것은 매우 심각한 경고를 우리에게 교훈합니다.

하나님은 오늘도 우리에게 말씀을 보내십니다.

"저희가 근심중에서 여호와께 부르짖으매 그 고통에서 구원하시되
저가 그 말씀을 보내어 저희를 고치사 위경에서 건지시도다"
(시편 107:19-20)

말씀의 불이 던져질 때에만 기도의 불이 임합니다.
말씀은 가장 강한 성령의 역사를 가져옵니다.

말씀은 불이기 때문입니다.

"여호와의 말씀이니라 내 말이 불 같지 아니하냐 바위를 쳐서
부스러뜨리는 방망이 같지 아니하냐" (렘 23:29)

말씀을 전할 때 불이 임하고 성령이 임합니다. 따라서 말씀
의 역사가 있는 교회는 반드시 성령의 역사가 있고 성령의
역사가 있는 교회는 반드시 부흥의 역사를 경험합니다.

5만번 기도응답을 받은 기도의 사람, 조지 뮬러도 하나님의
일을 위해서 무엇이 필요하게 되면 기도를 바로 시작하지
않았다고 합니다.

그는 자기가 올릴 기도의 내용이 성경의 어디에 약속되어
있는가를 꼭 찾은 다음에 기도를 했다고 합니다. 그래서 어
떤 때는 기도를 하기 전에 며칠 동안 성경을 찾을 때도 있
었다고 합니다.

"뮬러는 하나님의 말씀을 읽는 가운데 기도의 동기가 나왔고 거기서 기도의 제목이 나왔다고 했다. 그리고 자기 자신을 바로 볼수 있게 되었고 또한 하나님의 뜻을 잘 깨달을수 있었다"라고 적고 있습니다.

그래서 윌리엄 거널은 다음과 같이 역설합니다.

"약속의 말씀에 따라 당신의 기도의 응답을 강력히 요청하는 변론을 하나님께 드려라. 약속은 신앙의 근거로서 신앙이 강해지면, 열심도 더해지고 이러한 열심은 즉각 기도로 이어지고 그 기도는 항상 승리로 보상받을 것이다. 말씀으로 무장하여 강해지면 강해질수록 기도의 역사도 더욱 강해지는 것이다"

존 칼빈은 하나님은 우리의 기도가 뜨겁게 하기 위해서 우리에게 말씀을 집어넣어 주신다는 사실에 주목하고 있습니다. 그런 까닭에 하나님의 말씀을 듣는 자들에게는 하나님의 뜻에 복종케하는 바로 그 말씀이 다른 한편으로는 듣고 순종하는 자들로 하여금 담대함과 확신을 가지고 하나님께로 나아갈수 있도록 그들의 기도의 문을 열어주는 것입니다.

"내가 말씀 위에 서 있을 때 나는 기도할 수 있는 용기를 가진다"(칼빈)

또한 말씀의 불이 던져질 때에만 찬양의 불이 임합니다. 말씀에 근거하지 않은 인위적인 가사의 찬양은 절대로 성령의 역사를 가져올수 없습니다.

'적정과 절도의 원리'라는 칼빈의 사상을 보면. 이것은 예배의 방법이 하나님의 나타내신 뜻, 즉 성경에 제한되어야 한다는 역설합니다.

적정과 절도의 원리란 무엇인가? "우리가 하나님을 그의 말씀밖에 어떤 다른 곳에서 찾지 않고 그의 말씀을 가지지 않고는 어떤 것도 생각하지 않으며 그의 말씀을 통하지 않고는 어떤 것도 말하지 않는다"는 엄격한 적정과 경외의 규범을 가지고 성경을 해석하는 원리를 말한다.

이 원리는 "오직 성경"이라는 종교개혁주의적인 원리의 실천적인 의미로서 기독교인의 엄격한 매일의 삶과 결합된 것이다. 즉 기독교인들은 성경말씀을 향하여, 그 안에서 물어야 하고, 그 말씀과 함께 생각하여야 하며, 그 말씀을 통해서 말하여야 한다는 삶의 원리 말이다. 이러한 원리가 예배에 적용될 때는 "오직 하나님의 성령에 의하여서 그의 거룩한 말씀 안에서 계시하신 것만이 하나님이 받으실 만한 예배의 유일한 방식"이라는 적용이 나오게 되는 것이다.

찬양도 하나님의 말씀, 즉 시편송만 부르는 것이 바로 적정과 절도의 원리를 따라 하나님의 정하신 틀 안에 거하는 방

식이 되는 것이다.[4]

헌신의 역사도 마찬가지 아닙니까?

말씀의 역사가 있을때에만 헌신의 역사가 시작됩니다.

종교개혁가 마틴 루터는 1483년 독일의 아이스레벤에서 시골 부부의 아들로 태어났습니다. 광부인 아버지는 루터가 법률을 공부하기를 원했으며 그를 에르프르트 대학에 보냈습니다.

그러나 벼락에서 간신히 살아남은 젊은 루터는 진로를 바꾸었습니다. 그는 1505년에 어거스틴 수도회에 들어가 1507년에 사제가 되었습니다.

루터의 학문적 능력을 발견한 윗사람들이 그를 비텐베르그 대학에 보내 신학 학위를 따게 했습니다.

역사 속의 위대한 그리스도인들을 괴롭혔던 영적 불안이 루터에게도 찾아왔습니다.

루터는 자신의 죄와 하나님의 거룩을 인식하며, 자신에게는 하나님의 사랑을 획득할 능력이 전혀 없음을 깊이 인식했습

---

4) "한국의 경배와 찬양운동에 대한 개혁신학 입장에서의 비판과 그 대안으로서의 시편찬송" 노승수 목사

니다.

1510년, 그는 로마에 갔다가 기계적인 신앙에 환멸을 느꼈습니다. 몇 년 후, 루터는 신학박사가 되어 비텐베르그로 돌아와 성경을 가르쳤습니다.

1515년, 루터는 바울이 쓴 로마서를 가르치기 시작했습니다. 바울의 한마디 한마디가 루터의 영혼을 물어뜯었습니다.

루터는 이렇게 썼습니다.

"나의 상황은 그와 같았다. 나는 허물없는 수도사였지만 하나님 앞에서는 양심이 고통 받는 죄인이었다. 나의 공로가 그분을 진정시킬 것이라는 확신이 없었다. 나는 밤낮으로 생각했고, 마침내 하나님의 공의와 '의인은 믿음으로 살리라'는 말씀 간의 관계를 발견했다.

그 후 나는 하나님의 공의는 하나님이 은혜와 순전한 자비로 믿음을 통해 나를 의롭다고 하시는 의(義)라는 것을 깨달았다. 그때 내 자신이 거듭나고 열린 문을 통해 낙원으로 들어가는 것을 느꼈다.

성경 전체가 새로운 의미로 다가왔다. 바울의 이 구절이 내게 천국에 이르는 문이 되었다."

성 어거스틴은 로마서 14장을 읽다가 회심하여 하나님께 헌신하였으며 종교개혁가 마틴 루터 역시 로마서 1장을 읽다가 회심, 헌신하게 됩니다. 감리교의 창시자 존 웨슬리의 회심일기를 읽어보아도 존 웨슬리는 끊임없이 말씀을 통하여 회심을 결단하며 새로이 헌신을 다짐합니다.

이처럼 말씀의 역사는 가장 중요하며 부흥과 성장에 근본적인 것입니다. 말씀의 역사가 없다면 교회의 부흥과 성장은 절대 요원한 일입니다.

사랑의 교회 옥한흠 목사님의 설교에 대하여 박용규 교수(총신대 신대원 역사신학교수)는 "주일강단을 회복하라"라는 주제로 뉴욕과 뉴저지에서 세미나를 인도하면서 아래와 같이 옥한흠 목사님의 설교를 회고합니다.[5]

"옥한흠 목사와 관련되어 제가 말하고 싶은 것은 옥 목사의 강해설교이다. 옥한흠 목사와 이동원 목사의 설교를 비교해보자. 이동원 목사의 강해설교는 굉장히 세련되고, 군더기가 없고, 아주 깔끔하고, 언어의 구사력이 대단하다. 그런데 옥한흠 목사의 메시지는 중후하고, 깊이가 있다. 그리고 제가 옥한흠 목사의 메시지에서 느끼는 것은 성경의 저자가 본문에서 이야기하고자 하는 것을 어떻게 그렇게 뽑아내서 메시지로 승화하는 것인지 놀랍다.

---

5) 이후 총신대 박용규 교수의 "주일강단을 회복하라" 글에서 인용

7년간 교회사역을 그만두고 가족들과 사랑의교회에 등록했다. 옥한흠 목사의 설교를 아내가 몇 번 듣더니 진짜 저런 설교를 들었어야 했는데, 진작 옥 목사의 설교를 오랫동안 듣지 못한 것이 아쉽다고 했다. 옥 목사의 메시지가 정말 많은 사람들에게 도전을 주고 감동을 준다. 보통 우리들의 설교는 어떤 사람에게는 은혜가 되지만 어떤 사람들에게는 은혜가 되지 않을 수 있다. 그런데 옥한흠 목사의 메시지는 청중들 전체가 움직인다. 저는 그분의 메시지를 많은 설교자들이 듣고 연구해야 한다고 생각한다.

옥한흠의 설교는 본문에서 마치 성경 저자가 말하고자 하는 것, 신적 저자이신 성령께서 말씀하고자 하는 것을 너무나 잘 뽑아내서 오늘날 삶에 적용하도록 도전을 줍니다. 그러니 사랑의교회를 3년간 다닌 이한수 교수는 "저 본문에서 어떻게 그런 메시지가 나오는가?"라고 신학자로서 놀랍다는 고백을 한다. 달리 제가 옥한흠 목사의 메시지를 무엇이라고 표현할 수 있을까? 메시지 한편에 생명을 건다고 표현할 수 있을 것 같다.

많은 사람들이 사랑의교회를 제자훈련으로 성장한 교회라고 하는데 아니다. 사랑의교회 강단에서 화장실로 들어가는 복도 오른쪽 벽 쪽에 작은 침대가 하나있었다. 침대 밑에는 방석이 하나 깔려있다. 그 방석은 얼마나 옥한흠 목사가 무릎을 꿇고 기도했는지 그 자리가 움푹 패어있었다.

옥 목사는 성경본문을 가지고 메시지를 씨름하면서 하나님의 은혜를 구했다. 옥한흠 목사는 하나님께서 응답해주신다면 자신은 성령충만을 달라고 하겠다고 했다. 그것이 우리에게 필요한 것이 아닌가? 하나님 앞에 본문의 메시지를 가지고 눈물로 기도하면서 성령의 은혜를 구하는 모습에 참 큰 도전과 자극을 받았다.

옥한흠 목사의 설교는 신학적으로 바르고 정확하다. 제자훈련 교재를 보면 3분의 2가 교리에 대한 것이다. 교리적인 기초가 아주 훌륭하기에 제자훈련이 힘이 있는 것이다. 그리고 메시지도 요즘 유행한다고 따르는 것이 아니라 성경이 말씀하고자 하는 것이 무엇인지 여과없이 그대로 노출해서 용기있게 청중들에게 전달한다.

그래서 옥한흠 목사의 설교를 모델로 삼는다고 공개적으로 밝힌 총신대 권성수 교수는 옥 목사의 메시지에 자기가 배운 것을 접목시켜 대구동신교회 부임해서 교회를 크게 부흥시켰다. 권성수 목사가 자기의 경험을 <성령설교>라는 책으로 냈다. 기회가 되면 읽어보라. 그 책을 읽고 많이 도전을 받았다. 설교에 성령 하나님의 인도하심이 임하고, 교회는 성령님이 임하시는 교회가 되고, 메시지는 성령의 감동에 의해 힘있게 전해야 한다고 책속에 잘 담아냈다.

옥한흠 목사의 설교는 믿지 않는 영혼들에게도 복음을 제시하는 능력이 탁월하다. 옥 목사는 대각성전도집회때 전한 파워풀한 메시지를 '전도설교'라고 불렀다. 전도설교는 믿지 않는 사람들을 초청해서 도전을 주는 메시지이다. 제가 전도설교를 들으니 너무 큰 은혜와 도전이 됐다. 그런데 옥한흠 목사는 자기는 대각성전도집회를 계속 할 이유가 있다는 것이다. 불신영혼들이 구원받는 것을 보면서 자신의 구원 감격이 배가 된다는 것이다. 성령 하나님께서 살아 역사하신다는 확신이 들기에 대각성전도집회를 계속해야 한다는 것이다.

옥한흠 목사의 설교는 영성이 깊이 묻어난다. 영적 결단과 도전을 준다. 그는 평생 성령을 간구한 설교자였다. 혹자는 새벽기도를 하지 않은 목회자라고 폄하하지만 그는 참 기도를 많이 한 사람이었다. 상당히 이른 나이에 은혜를 체험했으며, 간절한 기도제목은 성령충만이었다"

말씀으로 교회 부흥을 이룬 대표적인 목회자가 바로 소망교회 곽선희 목사님은 <완성도 높은 설교 컨퍼런스>에서 '명쾌한 논리가 설교 완성도를 높인다'는 주제로 강연하며 "교회성장과 식당성장의 이치가 똑같다"고 말해 주목을 끌었습니다6)

곽목사는 2009년 3월 23일부터 24일까지 국민일보와 좋은설교연구소(박영재 목사)가 주최한 행사에서 주강사로 나와 "잘되는 식당은 같은 음식을 해도 맛이 다르든지, 양념이 다

---

6) 이후 곽선희 목사의 "완성도 높은 설교 컨퍼런스"
   에서 인용

르든지 반드시 이유가 있다"며

"현대 목회는 비빔밥이나 잡탕으로 승부해서는 안 되고 목회자와 교회가 고유한 'speciality'를 갖는 게 중요하다"고 강조했다.

곽 목사는 특히 목회자의 '스페셜리티'는 설교에 있어야 한다고 설명했다. 그는 "교인들이 교회를 선택하는 이유의 99%가 설교 때문이다"며 "목사는 설교를 통해 하나님의 말씀을 들려주는 사람이고, 성도들이 설교를 통해 하나님의 음성을 듣도록 해야 한다"고 말했다.

곽 목사는 설교를 잘하는 세 가지 비결을 제시했다.

첫째로 확신있고 영감있는 설교를 해야 한다는 것이다.

"설교의 핵심은 목사가 먼저 하나님의 음성을 들어야 한다는 것이다. 설교를 잘하려고 몸부림치는 것은 불신앙이다. 목사는 설교를 하기 전 먼저 하나님의 말씀에 사로잡혀 감사와 감격으로 충만해져야 한다. 그런 감사와 감격에 빠지려면 성경 읽는 방법부터 바꿔야 한다.

설교를 위해 성경 본문을 택했으면 50번을 읽으라. 파자마 바람에 츄리닝 입고 읽지 말고 무릎 꿇고 정장을 입고 경건한 자세로 소리 내어 읽어보라. 마음으로 감동이 있을 것이다. 이러한 감동과 감격을 갖고 하나님의 음성을 먼저 들어야 한다. 머리에서 합리적으로 이해하고, 그 다음에 가슴에서 불꽃이 튀길 때 그때 설교해야 감동있는 설교가 된다."

둘째로 곽 목사는 효과적인 소통을 위해 노력해야 한다고 말했다.

"교인들의 언어에 익숙해야 한다. 그들의 상황과 마음을 잘 알아야 소통이 된다. 설교할 때 내가 일부러 골프에 대한 이야기를 한 적이 있다. 그렇다고 내가 골프를 치는 게 아니다. 서울 강남에 교회가 위치했다는 특수성 때문에 성도들과 소통을 해야 했다. 일부러 골프 책을 몇 권 사서 골프용어를 익혔다. 어느 날 설교를 하면서 '골프를 잘하는 비결'을 설명했다.

내가 교인들의 언어에 관심을 갖자 교인들이 내 설교에 관심을 갖기 시작했다. 가능하면 드라마도 열심히 봐야 한다. 교인들이 보기 때문이다. 그래야 설교할 수 있다. 오늘 우리의 형편을 충분히 이해하기 위해 책도 많이 읽어야 한다. 특히 베스트셀러를 놓쳐서는 안된다."

셋째로 십자가의 진리를 전하라는 것이다.

"구약 본문보다는 예수의 십자가, 복음을 설교에서 많이 전하라. 핵심은 복음서에 두는 것이 좋다. 설교의 초점은 십자가다. 사도 바울이 말했듯이 십자가가 곧 능력이기 때문이다. 사도 바울의 고백 속엔 모든 사건을 하나님의 은총으로 받아들이려는 경륜적 신앙고백이 있다. 이것을 잘 설명할 때 위대한 설교가가 될 수 있다고 믿는다.”

말씀의 사역속에 십자가가 있는가 하는 문제를 우리는 심각히 성찰해야 합니다. 오직 십자가만이 능력이고 십자가만이 구원이기 때문입니다. 많은 설교와 말씀에 십자가와 예수가 드러나지 않고 있습니다.

이는 심각한 문제가 아닐수 없습니다.

“하나님의 아들 그리스도는 죄인들의 구속을 위해 죽으셨고, 삼일 후에 부활하셨다. 이것은 우주 안에서 가장 위대한 진리이다. 나는 그리스도를 믿는 나의 신앙으로 인하여 죽는다” (워치만 니)

바울도 역시 예수를 만난 이후 자신의 삶의 목적과 지향점이 십자가에서 자기 자신을 버리신 하나님의 아들을 믿는 믿음안에서 사는 것이며, 십자가외에는 전혀 자랑할 것이 없다고 단언합니다.

“내가 그리스도와 함께 십자가에 못 박혔나니 그런즉 이제는 내가 사는 것이 아니요 오직 내 안에 그리스도께서 사시는 것이라 이제 내가 육체 가운데 사는 것은 나를 사랑하사 나를 위하여 자기 자신을 버리신 하나님의 아들을

믿는 믿음 안에서 사는 것이라"(갈 2:20)

"그러나 내게는 우리 주 예수 그리스도의 십자가 외에 결코
자랑할 것이 없으니 그리스도로 말미암아 세상이 나를 대하여
십자가에 못 박히고 내가 또한 세상을 대하여 그러하니라"
(갈 6:14)

십자가 중심으로 설교해야 합니다. 바울은 그래서 십자
가외에는 전혀 자랑할 것이 없다고 단언하지 않습니까?

"하나님께서 세상의 천한 것들과 멸시 받는 것들과 없는 것들을
택하사 있는 것들을 폐하려 하시나니 이는 아무 육체라도 하나님
앞에서 자랑하지 못하게 하려 하심이라 너희는 하나님께로 부터
나서 그리스도 예수 안에 있고 예수는 하나님께로서 나와서
우리에게 지혜와 의로움과 거룩함과 구속함이 되셨으니 기록된 바
자랑하는 자는 주안에서 자랑하라 함과 같게 하려 함이니라"
(고린도전서 1:28~31 )

"여호와께서 이와 같이 말씀하시되 지혜로운 자는 그의 지혜를
자랑하지 말라 용사는 그의 용맹을 자랑하지 말라 부자는 그의
부함을 자랑하지 말라 자랑하는 자는 이것으로 자랑할지니 곧
명철하여 나를 아는 것과 나 여호와는 사랑과 정의와 공의를 땅에
행하는 자인 줄 깨닫는 것이라 나는 이 일을 기뻐하노라 여호와의
말씀이니라" (예레미야 9장23~24절)

바울은 육체적인 가문으로 보아도 그는 당시 유대의 최
상류층이었습니다. 그러한 그가 십자가를 경험한후 그

는 모든 것을 배설물로 여기는 높은 영적 경지에 오릅니다.

"그러나 나도 육체를 신뢰할 만하며 만일 누구든지 다른 이가
육체를 신뢰할 것이 있는 줄로 생각하면 나는 더욱 그러하리니
나는 팔일 만에 할례를 받고 이스라엘 족속이요 베냐민 지파요
히브리인 중의 히브리인이요 율법으로는 바리새인이요 열심으로는
교회를 박해하고 율법의 의로는 흠이 없는 자라 그러나
무엇이든지 내게 유익하던 것을 내가 그리스도를 위하여 다 해로
여길뿐더러 또한 모든 것을 해로 여김은 내 주 그리스도 예수를
아는 지식이 가장 고상하기 때문이라. 내가 그를 위하여 모든
것을 잃어버리고 배설물로 여김은 그리스도를 얻고 그 안에서
발견되려 함이니 내가 가진 의는 율법에서 난 것이 아니요 오직
그리스도를 믿음으로 말미암은 것이니 곧 믿음으로
하나님께로부터 난 의라"(빌 3장 4-9절)

또한 바울에게는 오직 그리스도의 십자가만이 능력이고
자랑이었기에 그리스도의 십자가 안에서 자기 자신의
약함만을 자랑하는 영적 경지에 올라갑니다.

"내가 이런 사람을 위하여 자랑하겠으나 나를 위하여는 약한 것들
외에 자랑치 아니하리라" (고린도후서 12:5)

"내게 이르시기를 내 은혜가 네게 족하도다 이는 내 능력이
약한데서 온전하여짐이라 하신지라 이러므로 도리어 크게
기뻐함으로 나의 여러 약한 것들에 대하여 자랑하리니 이는

그리스도의 능력으로 내게 머물게 하려 함이라"
(고린도후서 12:9)

"이 세상이나 세상에 있는 것들을 사랑하지 말라 누구든지 세상을
사랑하면 아버지의 사랑이 그 안에 있지 아니하니, 이는 세상에
있는 모든 것이 육신의 정욕과 안목의 정욕과 이생의 자랑이니 다
아버지께로부터 온 것이 아니요 세 상으로부터 온 것이라 이
세상도, 그 정욕도 지나가되 오직 하나님의 뜻을 행하는 자는
영원히 거하느니라" (요한일서 2:15~17)

하용조 목사는 그의 설교 "십자가는 기독교의 중심이다"
라는 설교에서 십자가의 중요성을 아래와 같이 강조합
니다.

"기독교가 지금 해야되는 것은 십자가로 돌아가는 겁니다[7]

지금 우리들의 문제는 십자가 대신에 다른게 많이 들어왔어
요. 뭐 믿음을 강조한다든지, 성령 강조한다든지, 리더십 강
조한다든지, 무슨 뭐 선교를 강조한다든지, 비전을 강조한다
든지 이런 얘기는 많이 들어요. 근데 그런 얘기를 들으면서
우리가 못 듣는 얘기가 있어요. 십자가예요.

십자가 없는 성령, 십자가 없는 구원, 십자가 없는 능력, 십
자가 없는 은사, 십자가 없는 기적, 십자가 없는 선교, 십자
가 없는 리더십, 십자가가 없는 기독교의 모든 봉사. 화려한

---

7) 이하 하용조 목사의 '십자가는 기독교의 중심이다'에서 인용

것 같은데 그 내용을 들어가 보면 아무것도 없어요. 부실해요. 핵심이 없어요. 물을 펐는데 물이 없어요. 우물은 있는데 물이 없어요. 그게(핵심) 뭐예요? 십자가예요 십자가.

저는 요즘 이 설교를 하면서 내가 다시 질문했어요 나한테... 내 설교에는 십자가가 있는가?'

피 흘려 돌아가신 예수님의 십자가. 자기 아들을 십자가에 내어준 하나님의 그 절절한 사랑. 십자가를 통해서 얻어지는 죄 용서. 십자가를 통해서 이뤄지는 죄 승리. 십자가를 통해 얻어지는 죄 선포.

이런 얘기를 우리는 끊임없이 하는가?

마치 온누리교회가 사역이 너무 많아져서 사역 공화국같아. 사역하는 교회같아요. 온누리는 사역하는 교회가 아니라 QT 하는 교회예요. 1:1 하는 교회예요. 온누리는 기도하는 교회예요. 가장 중요한 것은 눈에 보이는 그런게 아니고, 눈에 보이지 않는 하나님과 나와의 내면적 관계예요. 여기서 무너지면 아무리 모든것이 다 잘돼도 뿌리 없는 나무와 같아요. 십자가 그런거예요. 그래서 일주일동안 저는 여러분들에게 십자가라는 주제로 설교를 계속 하면서 과연 우리의 믿음에는 십자가가 있는가? 우리의 기도에는 십자가가 있는가? 우리의 헌신에는 십자가가 있는가? 우리의 선교에는 십자가가 있는가? 십자가를 말하고 있는가 그 험한 십자가. 내가 '못

박혀 죽으신 예수 그리스도'를 보는 그 십자가를 체험하고 경험하고 받아들이고, 새로 눈 뜨는 그런 기적과 역사가 일어나기를 축원하는 것입니다. 이 십자가가 내게 다시 전달될 때, 내 믿음은 촉촉히 젖어있을 것이고, 감동이 있을 것이고, 변화가 있을 것이고, 기적이 일어날 것이고, 살아 움직이게 될 것입니다.

"그리스도께서 나를 보내심은 세례를 베풀게 하려 하심이 아니요 오직 복음을 전하게 하려 하심이로되 말의 지혜로 하지 아니함은 그리스도의 십자가가 헛되지 않게 하려 함이라" (고전 1:17)

이 말을 다시 뒤집으면 뭐예요? 말의 지혜로 전하는 십자가는 헛된 것이다. 그건 전해지지 않는 것이다. 사람이 (무언가를) 이해하는데는 인간의 지혜가 필요해요. 지식이 필요해요. 이성이 필요해요. 그걸로 받아들이는 십자가는 십자가가 아니다. 그래서 네가 십자가를 모르는 것이다. 십자가는 뭘로 알아야된다? 하나님의 지혜로 아는 것이다. 사람의 말로 십자가는 전해지지 않는다. 설명되지 않는다. 설득당하지 않는다. 아무리 십자가를 인간의 지혜와, 인간의 지식과, 인간의 방법으로 이해하려고 해도 그것은 인간의 이해일 뿐이다. 그것은 나무 십자가밖에 이해가 안되요. 십자가에 못 박히신 예수 그리스도는 발견되지 못하는거예요. 그러면 십자가는 어떻게 이해하느냐? 하나님의 지혜로만이 이 영광스러운 십자가가 드러나는 것입니다. 드러나는 것. 발견되는 것입니다. 아무 능력이 없던 하나의 나무 십자가가 하나님의 지혜의 눈으로 이걸 보면, 깨달아지고, 발견 되어지고, 이해되어지고, 그 다음에 놀랍게도 능력이 거기서 나타나는거예요"

## 설교와 관련한 곽선희 목사의 주요 멘트

- 운전을 쉬면 운전이 어색해진다. 목회자는 설교를 쉬면 안된다.

- <곽선희 목사로부터 배우는 설교>를 정독 3번 하라. 그러면 목회가 달라진다.

- 교인들이 교회를 선택하는 이유의 99%가 설교 때문이다.

- 버스 운행을 하지 말고 교인들이 복음 때문에 스스로 교회를 찾아오도록 하라

- 난 45년간 새벽기도회를 개근했다.

- 새벽기도회에 교인들보다 1시간 먼저 나가고, 기도회 끝나고도 1시간 나중에 나가라.

- 원고를 보면서 설교하면 안 된다. 눈은 항상 교인들을 보면서 해야 한다.

- 설교를 다 외워라. 그렇게 3년만 하면 도가 튼다. 이건 필수다.

- 오는 사람 환영하고 가는 사람 붙들진 말라. 코드가 안 맞기 때문에 가는 것이다. 성도들을 다 붙들려고 하면 다 놓친다.

- 목사가 강단에 섰을 때 얼굴 자체에 빛이 있어야 한다. 목사의 얼굴에 미소가 있어야 한다(이건 은혜가 있을 때 가능하다).

- 설교도 심방도 목회도 모두 즐겁게 하라. 이걸 노동으로 생각하면 안 된다. 목회자의 운명은 결정됐다. 피할 수 없다면 즐겨라

## 교회사에 나타난 설교부흥의 역사

1740년 조지 휫필드가 뉴잉글랜드를 순회하면서 집회를 하다 조나단 에드워즈가 목회했던 교회에서 메시지를 전했습니다. 조지 휫필드는 일기에서 자신이 메시지를 전할 때 조나단 에드워즈가 눈물을 주룩주룩 흘렸다고 했습니다.

조나단 에드워즈는 어쩌면 자신만큼 가문이 뛰어나고, 자신만큼 예리하고 뛰어나게 더 설교를 잘하는 사람이 없다고 교만할 수 있었는데 조지 휫필드의 설교에 흠뻑 젖은 것입

니다. 조나단 에드워즈도 일기를 통해 조지 횟필드 설교에서 받은 감동을 나누고 있습니다.

미국의 대각성 부흥운동을 일으킨 조나단 에드워즈의 설교는 견적할 수 없는 영향력을 행사하였습니다. 그가 설교할 때 사람들은 지옥에 내려가는 것과 같은 두려움으로 지푸라기라도 잡으려고 하였습니다.

예를 들면 "진노하시는 하나님의 손 안에 있는 죄인"이라는 설교 도중 에드워즈가 범죄한 인간의 모습을 거미의 비유를 통하여 지옥의 열린 입위에 매달려 있음을 묘사할 때 사람들은 자비를 외치며, 어떤 이는 기둥을 잡고 늘어지기도 하였습니다.

이러한 그의 설교의 영향력은 1734년대의 대각성 운동을 일으키는 힘이 되었고. 1835년 2차 대각성 운동을 일으키는 힘이 되었습니다. 1835년 2차 대각성 운동이 끝난지 85년이 지나 영국의 목사 2명이 아직도 에드워즈의 영향이 있나를 살피기 위하여 방문하였을때 그들은 그때까지도 그의 영향을 느낄 수 있었다고 합니다.

설교의 황태자 영국의 스펄젼 목사는 그는 1851년 5월 3일 캔트로우 목사에게 침례받았습니다. 그는 캠브리지에 있는 침례교회에서 목회자가 아닌 성도들이 설교하는 모임에 참석했습니다. 그는 그 교회의 주일학교에서 가르치기 시작했고 작은 기도모임을 인도했습니다. 그는 첫번째 설교를 캠브리지 근처 테버샴이라는 동네의 오두막에서 베드로전서 1:7 말씀을 본문으로 했는데 진지하고 실제적이며 정직한 설교였습니다. 스펄젼은 자신이 맡은 예배를 인도하기 위해서 종종 16km 이상을 걸어가야 했다고 합니다.

하나님께서 스펄젼에게 주신 은사는 분명하게 드러났고 "소년 설교자"에 대한 명성은 빠르게 퍼져 나갔습니다. 방과 후 저녁 때마다 스펄젼은 캠브리지 근처의 교회와 오두막 그리고 야외까지 가능한 한 모든 곳에서 설교했습니다. 어린 나이에도 불구하고 그는 하나님께서 주신 지혜로 성도들을 말씀으로 양육했고 설교했습니다. 그의 설교는 너무 뛰어나서 누가 들어도 명백히 하늘로부터 온 것임을 알 수 있었습니다.

22살에 그는 당대의 가장 유명한 설교자가 되었습니다. 런던에 메트로폴리탄 예배당을 세웠습니다. 5,500명을 수용할 수 있는 중앙 강당과 두 개의 갤러리가 있는 엄청나게 큰 건물이었습니다. 그러나 그것은 그의 청중에 비하면 큰 것이 아니었습니다.

그가 여행할 때조차도 그의 설교를 들으려고 10,000명의 청중들이 모여들었습니다. 그가 가는 곳마다 사람들이 세례 요한에게 모여들었던 것처럼 모여들었던 것입니다. 선지자 엘리야에게 있었던 것처럼 그에게도 하나님의 불이 있었던 것입니다.

그의 교회에서는 왕족도 종처럼 앉아서 설교를 들어야 했습니다. 택시 운전사들은 그에게 요금을 받지 않았습니다. "설교의 왕자"를 차에 태운 것만으로도 영광이라고 생각했기 때문입니다. 그는 빵을 만들고 있는 여인에게 이렇게 말하곤 했다. "생명의 빵을 만들려고 시도해 본 적은 없습니까?" 목수들에게는 "모래 위에 성을 쌓으려고 한 적은 없습니까?"라고 묻곤 하였습니다.

스펄젼은 메트로폴리탄 예배당에서 그가 죽을 때까지(1892년) 주께서 주신 위대한 능력과 설교로 목회를 했습니다. 한 미국인 방문자에게 스펄젼의 설교를 듣고한 후 그에 대해서 어떤 생각을 하게 되었느냐는 질문에 그는 "사실대로 말하자면, 그의 설교를 듣고나면 저는 스펄젼이 아닌 그리스도를 생각하게 됩니다."라고 대답했다고 합니다.

스펄젼은 적합한 묘사와 시기 적절한 말을 도구로 설교할 때 마치 한 편의 그림을 그려서 주듯 듣는 자들에게 성경에 기록된 "하나님의 어린 양"을 그대로 제시했습니다.

무식한 어부 출신의 베드로의 설교를 듣고 초대교회는 3천 명이 회개하는 역사가 일어났습니다.

"그들이 이 말을 듣고 마음에 찔려 베드로와 다른 사도들에게 물어 이르되 형제들아 우리가 어찌할꼬 하거늘 베드로가 이르되 너희가 회개하여 각각 예수 그리스도의 이름으로 세례를 받고 죄 사함을 받으라 그리하면 성령의 선물을 받으리니 이 약속은 너희와 너희 자녀와 모든 먼 데 사람 곧 주 우리 하나님이 얼마든지 부르시는 자들에게 하신 것이라 하고 또 여러 말로 확증하며 권하여 이르되 너희가 이 패역한 세대에서 구원을 받으라 하니 그 말을 받은 사람들은 세례를 받으매 이 날에 신도의 수가 삼천이나 더하더라" (행 2:37~41)

설교 말씀을 통하여 성령이 말씀듣는 모든 자에게 부어지고 임하며 말씀의 불이 임하며, 이 성령의 은혜를 통하여 교회는 성장하는 것입니다.

말씀을 통하여 우리는 새로이 거듭나게 되고(벧전 1:23) 성령의 새생명을 잉태받게 되고(약 1:18) 성령 충만함의 권능을 체험(행 10:44~45)하게 되는 것입니다

하나님 앞에의 새로운 헌신과 은혜와 성령의 권능은 바로 하나님의 말씀, 설교로부터 시작됩니다. 한국의 수만개의 교회가 있지만 말씀의 생수가 흐르는 교회로 교인들은 모이게 되는 것입니다.

# ※ 진단 점검 사항 ※

❶ 성도들이 교역자의 설교를 하나님의 말씀으로 깊이 새기며 소중히 생각하는가요?

❷ 성도들이 목회자의 설교에 대하여 주위에 자랑하는 편인가요?

❸ 성도들이 목회자의 설교를 잘 메모하는 편입니까?

❹ 성도들이 예배후 밝은 웃음으로
'오늘 설교에 은혜를 받았습니다' 하며 인사하는 편입니까?

❺ 목회자가 설교할때 교인들이 '아멘'으로 잘 화답하는 편입니까?

❻ 목회자가 설교할 때 교인들이 잘 집중하는 편입니까?

❼ 성도들에게 목사님 말씀이 좋다는 말을 자주 듣는 편입니까?

❽ 목회자 본인은, 본인이 설교에 은사가 있다고 생각하십니까?

❾ 은혜롭고 새로운 설교를 위하여 철저한 준비를 하시는
편입니까?

❿ 은혜로운 설교를 위하여 많은 시간 기도하시는 편입니까?

"목회자가 어떻게 설교하느냐에 따라
영적인 부(富)가 회중에게 전달되기도 하고
그렇지 못하기도 한다"
(레오나드 레이븐힐)

# 부흥의 파도

# 제 2원리

당신의 교회의 부흥을 원하십니까?
당신의 교회의 헌신도를 점검하십시요

워치만 리라는 목사님은 구원이란 세상으로부터 예수 그리
스도를 십자가에 못박은 이 세상으로부터 주님에게로 옮기
는 위치(location)의 문제로 봅니다. 구원이란 위치의 문제라
는 것입니다.

하나님의 저주아래 있는 이 세상, 하나님의 진노아래 있는
이 세상 공중권세잡은 사탄의 권세아래 있는 이 세상 예수
그리스도를 십자가에 못박은 이 세상으로부터 주님에게로

옮겨지는 위치 이동을 윗치만리는 구원이다라고 말합니다.


사도 야고보는 야고보서 4장 4절에서 말씀합니다.

"세상과 벗된 것이 하나님의 원수임을 알지 못하느뇨 그런즉
누구든지 세상과 벗이 되고자 하는 자는 스스로 하나님과
원수되게 하는 것이니라"(약 4:4)

세상을 사랑하는 것은 하나님과 원수되는 것입니다.

그러나 세상은 참으로 달콤하고 세상의 유혹은 얼마나 강력
합니까?

마태복음 4장에서 예수님은 이 세상이 얼마나 달콤하고 세
상의 유혹이 강렬한지 마귀로부터 직접 경험하십니다.

"마귀가 또 그를 데리고 지극히 높은 산으로 가서 천하 만국과 그
영광을 보여 이르되 만일 내게 엎드려 경배하면
이 모든 것을 네게 주리라"(마 4:8-9)

마귀는 높은 산위에서 예수님에게 천하 만국과 세상의 영광
을 보여줍니다.

예수님은 그 산위에서 이 세상의 유혹이 얼마나 달콤하고
얼마나 강력한지 이미 경험하셨다는 중요한 사실입니다.

이미 믿음의 후진들이 경험하고 믿음으로 이겨야 할 세상의 유혹과 허영을 예수님은 이미 경험하셨다는 중요한 사실입니다.

성경을 보면 데마라는 인물이 나옵니다. 이 데마라는 인물은 최소한 마가, 누가급의 촉망받는 동역자 였을것입니다(몬 1:24). 골로새 교회에 보내는 편지에도 누가와 함께 대표로 언급되어 있습니다(골 4:14) 그런데 이러한 데마에 대하여 성경은 다음과 같이 말합니다.

"데마는 이 세상을 사랑하여 나를 버리고 데살로니가로 갔고 그레스게는 갈라디아로, 디도는 달마디아로 갔고"

바울에게 오랫동안 총애받던 신실한 사역자요 동역자였던 데마가 세상으로 갑니다. 이 세상의 유혹이 얼마나 달콤하고 얼마나 강력한지 우리는 명심해야 합니다.

그러나 사도요한은 말씀합니다.

"이 세상이나 이 세상에 있는 것들을 사랑치 말라 누구든지 세상을 사랑하면 아버지의 사랑이 그 속에 있지 아니하니 이는 세상에 있는 모든 것이 육신의 정욕과 안목의 정욕과 이생의 자랑이니 다 아버지께로 좇아 온 것이 아니요 세상으로 좇아온것이라 이 세상도 정욕도 다 지나가되 오직 하나님의 뜻을 행하는 이는 영원히 거하느니라"(요일 2:15-17)

세상을 사랑하는 자는 아버지의 사랑이 그 속에 없다고 말씀하셨다. 그럼 반대로 생각해보면 주님을 사랑하는 자는 그 속에 아버지의의 사랑을 덧입었기 때문이라는 것을 알수 있습니다.

왜 세상을 사랑할 수 밖에 없습니까?

그것은 아버지의 사랑이 없기 때문입니다. 하나님의 사랑을 덧입지 못하였기 때문입니다. 다른 이유가 없습니다. 아버지의 사랑이 그속에 없기 때문입니다. 아버지의 사랑이 그속에 없기에 세상을 사랑할 수밖에 없습니다. 그러나 주님을 사랑하는 자는 그속에 아버지의 사랑을 선행적으로 덧입은 자들입니다.

그래서 사도요한은 뭐라고 고백합니까?

"사랑은 여기 있으니 우리가 하나님을 사랑한 것이 아니요 오직 하나님이 우리를 사랑하사 우리 죄를 위하여 화목제로 그 아들을 보내셨음이니라"(요일 4장 10절)

"우리가 사랑함은 그가 먼저 우리를 사랑하셨음이라"
(요일 4장 19절) 라고 고백합니다

사랑의 주도권은 하나님에게 있습니다. 우리가 하나님을 사랑한 것이 아니라고 하셨습니다. 우리는 주님을 사랑할 수 있는 자격도, 일말의 가능성도 없습니다. 우리가 주님을 사랑할 수 있는 그 어떤 공로도 없습니다.

하나님의 사랑이 먼저 나에게 주어져야만 하나님의 사랑이 먼저 나에게 덧입혀져야만 우리는 주님을 사랑한다고 고백할 수 있습니다.

하나님의 사랑이 아니고는 우리는 하나님 사랑한다는 말 한마디로 할 수 없습니다. 하나님의 사랑이 아니고는 우리는 하나님을 예배하기 위하여 이 자리에 한 발자국도 올 수 없습니다.

그래서 주님은 말씀하셨습니다.

"나를 보내신 아버지께서 이끌지 아니하면
아무도 내게 올 수 없으니라"(요 6:44)

하나님의 사랑이 먼저입니다.
나의 의지로 나의 결심으로 이 곳 예배당에 온 것 같지만 그렇지 않습니다. 하나님의 사랑이 먼저 나를 이끈 것입니다. 나의 의지로 나의 결심으로 주님을 사랑한다 고백한 것 같지만 그렇지 않습니다. 하나님의 사랑이 먼저 나에게 부어졌기에 가능한 것입니다.

하나님의 사랑이 먼저 나에게 임하지 않고는 우리는 하나님을 사랑한다는 말 한마디도 할 수 없습니다. 하나님의 사랑이 먼저 나에게 임하지 않고는 우리는 한 발자국도 이 자리에 나올 수 없습니다. 이것이 바로

"사랑은 여기 있으니 우리가 하나님을 사랑한 것이 아니요 오직 하나님이 우리를 사랑하사 우리 죄를 위하여 화목제로 그 아들을 보내셨음이라"(요일 4장 10절)는 말씀의 의미입니다.

게다가 정말 중요한 사실은 하나님이 사랑이 나에게 임한 만큼만 하나님의 사랑이 나에게 덧입혀진 만큼만 우리는 주님을 사랑한다고 고백할 수 있다는 것입니다.

한 청년이 저에게 그런 질문을 했습니다.
"목사님! 하나님이 다들 똑같이 사랑하지 않나요?"

그러나 결코 그렇지 않습니다.
"내가 야곱은 사랑하고 에서는 미워하였다"(롬 9:13)고 하셨습니다

하나님께서 더 사랑하는 성도님이 있습니다.
아버지의 사랑이 더 강하게 강력하게 부어지고 덧입혀진 성도님이 있습니다.

하나님 당신 한분 밖에는 나의 소망과 만족함이 없습니다

라고 고백합니다. 그렇게 고백하지 않으면 안될만큼 강하고 강력한 하나님의 사랑이 부어지고 덧입혀지기 때문입니다.

주님! 주님 한분 외에는 만족함이 없는 성도님이 계십니까? 그만큼 하나님의 사랑이 그 성도님에게 부어진 것입니다.

주님! 주님 한분 외에는 소망이 없는 성도님이 계십니까? 그만큼 하나님의 사랑이 그 성도님에게 부어진 것입니다.

야곱을 사랑하시고 에서를 미워하신 하나님이십니다. 하나님께서 특히 더 사랑하는 성도님이 있습니다.

## 옥합을 깨뜨린 마리아

마태복음 14장을 보면 오늘 본문은 예수께서 베다니 문둥이 시몬의 집에서 식사하실때에 한 여인이 매우 값진 향유 곧 순전한 나드 한 옥합을 가디고 와 그 옥합을 깨뜨려 예수님의 머리위에 부은 사건으로 시작됩니다.

이 여인이 주님께 부은 이 옥합은 삼백 데나리온의 고가의 향유이었습니다. 1데나리온이 일일 노동자의 품삯임을 생각할 때 이 여인이 주님께 드린 이 옥합이 얼마나 값진 것임은 새삼 말할 필요가 없을 것입니다.

주님께 드려진 이 거룩한 소비를 두고 한 부류의 사람들은 분을 내며 "이 향유를 팔아 가난한 자들에게 줄 수 있지 않느냐" 라고 말합니다.

그러나 이 여인은 주님께 옥합을 깨뜨려 자기의 전 재산을 주님께 바쳤습니다. 무슨 차이입니까?

이 여인은 주님을 사랑했습니다. 사랑이 아니고는 오늘 본문의 이 여인의 헌신을 설명할 수 없습니다.

사랑하면 모든 것을 초월합니다. 국경을 초월하고 시간과 공간을 초월합니다. 아가서는 "사랑은 죽음같이 강하다" (아 8:6)고 말합니다.

그렇습니다. 죽음과 같이 강한 것이 세상에 또 어디 있습니까? 죽음은 생명있는 모든 것을 빨아들입니다. 생명이 있는 모든 것은 죽음앞에서 정말 나약하고 무기력한 존재일 뿐입니다. 물론 죽음에서 승리하신 주님의 부활이 있습니다.

그러나 주님의 부활을 빼놓고 말할 때 죽음와 같이 강하고 모든 생명을 무력케 하는 것은 없을 것입니다.

"이 사랑은 많은 물이 끄치지 못하겠고 홍수라도 엄몰하지
못하나니 사람이 그 온 가산을 다 주고 사랑과 바꾸려 할지라도
오히려 멸시를 받으리라"(아 8:7)

외부적인 그 어떤 극심한 환경과 상황도 사랑을 끊을 수 없습니다. 때로는 많은 물질로 사랑을 유혹하려 하여도 그 물질은 오히려 부끄러움을 당하고 멸시를 당할 정도로 사랑은 그만큼 위대하고 강력한 것입니다.

저도 사랑을 해보니 사랑하니까 모든 것을 초월하게 됩니다. 같이 있으면 시간가는 줄 모릅니다. 시간을 초월합니다. 보고 싶으면 저 인천 끝자락이라도 달려갑니다. 거리가 중요치 않습니다. 공간을 초월하게 됩니다. 사랑을 하니 시간과 공간을 초월하게 됩니다.

이 여인은 주님을 사랑했습니다. 주님을 사랑했기에 삼백 데나리온의 고가의 향유가 든 옥합도 아깝지 않았습니다. 사랑이 아니면 설명할수 없는 것입니다.

이 사람들과 이 여인의 차이는 바로 사랑입니다.
한 사람은 주님을 사랑하지 않았고, 한 사람은 주님을 사랑했습니다.

독일의 기독교 심리학자인 에리히 프롬은 그의 책 "사랑의 기술"이라는 책에서 성숙한 사랑과 미성숙한 사랑을 나눕니다.

프롬에 따르면 미성숙한 사랑은 조건의 사랑입니다. 내가 당신을 필요로 하기에 당신을 사랑합니다. 그러나 성숙한 사랑은 조건을 따지지 않습니다. 나는 당신을 사랑하게 당신이 필요합니다.

나는 당신을 사랑하기에 당신이 필요합니다. 이러한 사랑이, 당신의 조건이 필요해서 당신을 사랑하는 그런 조건의 사랑이 아닌 당신을 사랑하기에 당신이 필요하다는 이러한 사랑이 성숙하고 진정하고 참된 사랑임을 에리히 프롬은 역설합니다.

오늘 본문의 사람들은 이 여인을 비난했습니다.
왜입니까? 그것은 주님을 사랑하지 않았기 때문입니다.

그들은 조건만 보았습니다. 그 정도의 돈이라면 향유를 팔아 많은 가난한 사람들에게 줄 수 있지 않느냐 합니다. 그들은 조건만 보았습니다. 그러나 진정한 사랑은 조건을 보지 않습니다.

그러나 이 여인은 주님을 사랑했기 때문입니다.

> "이 세상이나 이 세상에 있는 것들을 사랑치 말라 누구든지
> 세상을 사랑하면 아버지의 사랑이 그 속에 있지 아니하니"
> (요일 2장 15절)

세상을 사랑하는 사람은 아버지의 사랑이, 주님의 사랑이 그

속에 없다고 하였습니다.

세상을 사랑하지 않고 주님만을 사랑한다고 고백합니다.

그러나 놀라운 사실은 주님의 사랑이 그 속에 있기 때문에 주님이 그를 그민큼 사랑하기에 그는 세상을 사랑하지 않고 주님을 사랑한다고 고백하는 것입니다.

세상을 사랑한다는 것은 무엇입니까?
결론적으로 세상을 사랑하는 사람은 아버지의 사랑이 그속에 없다고 말씀은 정확히 지적합니다.

오늘 본문의 이 여인과 같이 아무런 조건이 없이 주님만을 사랑했습니다. 아무런 조건이 필요없었습니다. 단지 주님을 사랑했기 때문입니다.

이 하나님의 사랑을 우리에게 부어주시고 충만한 권능으로 알게하시는 분이 누구십니끼? 바로 성령입니다.

"소망이 우리를 부끄럽게 하지 아니함은 우리에게 주신 성령으로 말미암아 하나님의 사랑이 우리 마음에 부은 바 됨이니"(롬 5:5)

헌신의 원리는 무엇입니까? 왜 우리는 하나님 앞에 헌신해야 합니까?

"우리가 아직 죄인되었을 때에 그리스도께서 우리를 위하여
죽으심으로 하나님께서 우리에게 대한 자기의 사랑을
확증하셨느니라" (로마서 5:8)

그리스도께서 영원히 죽을 우리를 위하여 2천년전 십자가에서 먼저 죽으셨고 이를 통하여 하나님은 우리를 얼마나 사랑하시는가를 보여주셨습니다.

우리는 그 하나님의 사랑을 받은 자입니다. 이 사랑을 받은 자는 당연히 하나님 앞에 헌신하는 것입니다.

위로부터의 성령의 권능이 부어지고(눅 24:49) 성령으로 말미암아 하나님의 사랑이 우리 마음에 부어진 곳에는(롬 5:5) 반드시 헌신의 열매가 줄을 잇습니다.

여러분의 교회에 성도들의 헌신도는 어떻습니까?

저는 고등학교 3년 내내 학교음악실에서 매일 모여 점심시간마다 예배를 드렸습니다. 10명 정도가 모여 3년 동안 내내 예배를 드렸는데 놀라운 것은 그안에서 신학교를 진학한 자가 4명이 배출되었다는 것입니다.

여러분의 교회에 목사가 되겠다.. 아니 평신도 사역자가 되겠다.. 주의 일에 모든 것을 바치게.겠다며 헌신하는 헌신자들이 없습니까? 그렇다면 그 교회에 부흥은 요원합니다. 그

교회는 성령이 역사하는 교회가 아닙니다. 세상을 사랑하는 교회이며 하나님의 사랑이 없는 교회이며 성령의 역사가 없는 교회입니다.

헌신자가 없는 교회는 박물관 교회(museum church), 화석같이 굳어진 화석교회(Fossil church)나 다름없습니다. 살았다 하는 이름은 가졌으나 실상은 죽은 교회인 것입니다. (계3:1)

박물관 교회(museum church)처럼 사람들이 경건 구경만 하는 경건의 능력은 상실한 교회이며, 오래된 화석같이 성령이 떠난 굳어진 화석교회(Fossil church)와 같은 교회인 것입니다.

위로부터의 성령의 권능이 부어지고(눅 24:49) 성령으로 말미암아 하나님의 사랑이 우리 마음에 부어진 곳에는(롬 5:5) 반드시 헌신의 열매가 줄을 잇습니다.

## 교회사에 나타난 헌신의 역사

16세기초 마틴 루터의 위대한 종교개혁으로 시작된 독일의 루터 교회들은 한 세기가 지나며 영적 생동감과 경건함은 실종되고 교리와 전통만 남은 차갑고 형식적이며 약한 교회들이 되어버렸습니다.

이때 독일교회 안에서 강력한 신앙부흥이 일어납니다. 그것은 바로 독일 경건주의 운동입니다. 이 경건주의 운동은 독일교회와 세계선교에 강력한 영적 영향력을 미쳤습니다. 수많은 선교의 헌신자들이 일어납니다.

17세기 독일 경건주의 운동에 놀라운 성령의 권능이 부어졌을때 경건주의 운동의 중심이었던 17세기 초 할레와 네덜란드에 거주하던 한 무리의 경건주의자들이 인도에 선교사로 갔습니다. 경건주의의 한 그룹인 모라비안파 선교사들은 그린랜드(1733), 북미(1734), 남아프리카(1736), 캐나다의 래브라도(1771)에 가서 복음을 전하고 교회를 세웠습니다. 수많은 선교의 헌신자들이 일어났습니다.

독일 경건주의의 진젠도르프 영향을 받은 형제회 모라비안들이 세계 도처로 흩어지기 시작합니다. 이 흩어짐은 곧 세계 선교를 의미하는데, 수많은 사람들이 모라비안의 선교 사역을 통해 변화되었습니다.

독일 경건주의는 18세기 존 웨슬리의 선교 사역에 강력한 영향을 미칩니다. 감리교회의 창시자로 볼 수 있는 존 웨슬리(John Wesley)와 모라비안의 만남은 매우 인상적인 것이었습니다. 모라비안 성도들의 말씀에 대한 경외감, 구원의 확신, 그리고 믿음에 근거한 분명한 신앙 간증을 통해 웨슬리는 큰 감명을 받습니다. 그리하여 그는 미국, 영국, 독일 등 세계 각 곳을 쉴새 없이 다니며 선교사들을 위로하고 직접 전도하여 모라비안 운동에 활기를 불어넣어 주었습니다.

독일 경건주의는 영국과 미국의 영적 각성(spiritual awakening)의 불을 점화시켰습니다. 1740년 신대륙 미국의 교회들안에서는 영적 관심이 갑작스럽게 폭발합니다.

교회 역사가들은 이것은 '1차 대각성(the First Great Awakening)'이라고 부릅니다. 이러한 영적 대각성의 진원지는 본래 유럽이었고 그 뿌리는 독일에서 시작된 경건주의 부흥 운동입니다.

독일 경건주의는 19세기의 미국의 대각성운동에도 강력한 영향을 미칩니다. 경건주의는 신대륙 미국의 신앙부흥의 선구자인 프레링규센 같은 지도자들에게 강한 영향을 미쳤으며 이러한 19세기 미국의 대각성운동을 통하여 수많은 선교 헌신자들이 일어납니다.

그들 중에 두 사람이 조선의 최초의 선교사들인 장로교 언더우드 선교사와 감리교 아펜젤러 선교사입니다. 언더우드 나이가 24살, 아펜젤러의 나이가 25살 때였습니다.

위로부터의 성령의 권능이 부어지고(눅 24:49) 성령으로 말미암아 하나님의 사랑이 우리 마음에 부어진 곳에는(롬 5:5) 17세기 독일에, 18세기 영국에, 19세기 미국과 같이 수많은 선교 헌신자들이 일어납니다. 반드시 헌신의 열매가 줄을 잇습니다.

그들의 선교적 헌신이 없었다면 아니 가난한 땅, 저주의 땅 조선은 여전히 흑암의 권세 아래 있었을 것입니다.

당신의 교회는 헌신도가 어떻습니까?

여러분의 교회에 목사가 되겠다.. 아니 평신도 사역자가 되겠다.. 주의 일에 모든 것을 바치겠다며 헌신하는 헌신자들이 없습니까? 그렇다면 그 교회에 부흥은 요원합니다. 그 교회는 성령이 역사하는 교회가 아닙니다. 세상을 사랑하는 교회이며 하나님의 사랑이 없는 교회이며 성령의 역사가 없는 교회입니다.

헌신에는 상이 있습니다.

"믿음이 없이는 하나님을 기쁘시게 못하나니 하나님께 나아가는 자는 반드시 그가 계신 것과 또한 그가 자기를 찾는 자들에게 상 주시는 이심을 믿어야 할지니라" (히브리서 11:6)

"보라 내가 속히 오리니 내가 줄 상이 내게 있어 각 사람에게 그의 일한대로 갚아 주리라"(계 22: 12)

주님은 베드로에게 헌신하는 자에게 100배의 상이 있을 것을 약속하십니다.

"베드로가 여짜와 가로되 보소서 우리가 모든 것을 버리고 주를

좋았나이다 예수께서 가라사대 내가 진실로 너희에게 이르노니
나와 및 복음을 위하여 집이나 형제나 자매나 어미나 아비나
자식이나 전토를 버린 자는 금세에 있어 집과 형제와 자매와
모친과 자식과 전토를 백배나 받되 핍박을 겸하여 받고
내세에 영생을 받지 못할 자가 없느니라" (막 10장 28~30)

예수님께서도 모든 믿음과 헌신의 행위에는 상이 있음을 분명히 말씀하십니다.

"사람에게 보이려고 그들 앞에서 너희 의를 행하지 않도록
주의하라 그리하지 아니하면 하늘에 계신 너희 아버지께 상을
받지 못하느니라 그러므로 구제할 때에 외식하는 자가 사람에게서
영광을 받으려고 회당과 거리에서 하는 것 같이 너희 앞에 나팔을
불지 말라 진실로 너희에게 이르노니 그들은 자기 상을 이미
받았느니라 너는 구제할 때에 오른손이 하는 것을 왼손이 모르게
하여 네 구제함을 은밀하게 하라
은밀한 중에 보시는 너의 아버지께서 갚으시리라 또 너희는
기도할 때에 외식하는 자와 같이 하지 말라 그들은 사람에게
보이려고 회당과 큰 거리 어귀에 서서 기도하기를 좋아하느니라
내가 진실로 너희에게 이르노니 그들은 자기 상을
이미 받았느니라" (마 6:1~5)

예수님의 말씀은 나타내기 위하여 외식하는 자들에게는 상이 없고 이미 그들은 자기 상을 받았다고 선언하십니다.

그리고 외식하지 않고 은밀한 중에 행하는 믿음과 헌신의 행위에는 반드시 하나님께서 갚아주신다고 예수님께서는 말

씀하십니다.

> "나를 인하여 너희를 욕하고 핍박하고 거짓으로 너희를 거스려
> 모든 악한 말을 할 때에는 너희에게 복이 있나니 기뻐하고
> 즐거워하라 하늘에서 너희 상이 큼이라 너희 전에 있던
> 선지자들을 이같이 핍박하였느니라" (마 5:11-12절)

모든 믿음의 행위에는 보상이 있습니다.
믿음의 행위 자체로 끝나지 않습니다.
모든 믿음의 행위에는 보상이 있습니다.

그래서 좀 더 자극적으로 좀 더 남과 다르게 하나님을 믿어
야 합니다. 왜냐면 그러할 때 더 큰 상이 있기 때문입니다.
왜냐하면 모든 믿음의 행위에는 철저히 상이 따르기 때문입
니다.

> "믿음이 없이는 기쁘시게 못하나니 하나님께 나아가는 자는
> 반드시 그가 계신 것과 또한 그가 자기를 찾는 자들에게 상
> 주시는 이심을 믿어야 할찌니라"(히 11:6)

더 큰 믿음으로 남과 다른 특별한 믿음의 행위로 하나님을
감동시키십시오. 더 큰 상이 있습니다. 모든 믿음의 행위에는
철저히 상이 따릅니다.

솔로몬을 보십시오. 그는 남과 다른 믿음으로, 남보다 특별한
믿음을 가졌습니다. 남보다 위대한 믿음으로 하나님을 감동

시켰습니다. 그는 기브온 산당에서 양 천마리로 일천번제로 하나님께 드렸습니다. 양 한 마리에 적어도 10만원씩만 잡아도, 일천 마리면 1억인데, 금액 면에서도 우리가 드리는 헌금과는 비교가 되질 않습니다.

우리가 아무리 많이 드린다 할지라도 솔로몬과 같이 드릴 수는 없지 않습니까?

솔로몬은 또한 성전을 하나님께 처음으로 봉헌하며 그 성전에서 하나님을 예배하고자 하는 거룩한 믿음의 열망을 가지고 있었습니다.

여러분 왕상 3장 1절 말씀을 보십시요. "솔로몬이 애굽 왕 바로로 더불어 인연을 맺어 그 딸을 취하고 데려다가 다윗성에 두고, 자기의 궁과 여호와의 전과 예루살렘 주위의 성이 필역되기를 기다리니라." 라고 했습니다.

아직까지 성전이 완공되지는 아니했지만, 이미 공사가 시작되었고, 이제 성전이 완성단계에 이르렀다는 것입니다. 여러분 생각해 보세요.

여호와의 전인 성전이 지어지기까지 들어간 비용이나 정성이 얼마였겠습니까? 우리가 감히 상상하지도 못할, 어머 어마한 비용이 들어갔을 줄 압니다. 비용으로 따지면, 그가 드린 일천번제와는 비교가 안됩니다.

솔로몬은 일천번제를 드림 이전에, 이런 정성과 노력을 들여 여호와의 전을 지어서 하나님께 봉헌해 드렸다는 것입니다.

마지막으로 왜 솔로몬은 기브온 산당에서 제사를 드렸던 것일까요? 그 당시에 산당이 기브온에만 있었던 것이 아니고, 이 외에도 여러 군데에 있었는데, 왜 솔로몬은 기브온 산당에서 일천번제도 드렸던 것일까요? 그 이유가 무엇입니까?

왕상 3장 4절 말씀을 보면, 그 이유가 분명하게 나와 있습니다. "이에 왕이 제사하러 기브온으로 가니, 거기는 산당이 큼이라. 솔로몬이 그 단에 일천 번제를 드렸더니" 무슨 이유 때문이었습니까? 기브온 산당이 제일 컸기 때문이었다는 겁니다. 이처럼 제사를 드림에 있어서도, 남들과는 다른 정성과 노력을 발견할 수 있다는 것입니다.

솔로몬이 머물고 있는 곳은 예루살렘입니다. 예루살렘에서 기브온까지는 족히 10키로가 넘는 거리입니다. 지금 10키로야 멀지 않게 느껴지지만, 그 당시에 10키로는 제법 먼 길이었습니다. 솔로몬이 왜 기브온까지 갔습니까? 거기에 가장 큰 산당이 있었기 때문입니다.

솔로몬은 남다르게 두드러지게 큰 믿음으로 하나님을 섬겼습니다. 그리하여 하나님께로부터 전무 후무한 축복을 받았습니다.

"내가 네 말대로 하여 네게 지혜롭고 총명한 마음을 주노니, 너의
전에도 너와 같은 자가 없었거니와, 너의 후에도
너와 같은 자가 일어남이 없으리라" (왕상 3:12)

솔로몬은 남다르게 두드러지게 큰 믿음으로 하나님을 섬겼습니다. 그래서 그는 너의 전에도 너와 같은 자가 없었거니와, 너의 후에도 너와 같은 자가 일어남이 없으리라는 하나님의 칭찬을 들을 만큼 놀라운 축복을 받았습니다.

우리도 좀 더 남과 다르게 하나님을 믿어야 합니다.
그러할 때 더 큰 상이 있습니다.

왜냐하면 모든 믿음의 행위에는 철저히 상이 따르기 때문입니다.

"믿음이 없이는 기쁘시게 못하나니 하나님께 나아가는 자는
반드시 그가 계신 것과 또한 그가 자기를 찾는 자들에게
상 주시는 이심을 믿어야 할찌니라" (히 11:6)

하나님 앞에 헌신하는 자는 당당하게 하나님 앞에 상을 구할수 있습니다. 야베스는 대상 4장 10절에서 "야베스가 이스라엘 하나님께 아뢰어 가로되"라고 성경에는 의역되어 있지만 이 말씀의 정확한 번역은 "cry out"입니다

즉, 하나님 앞에 헌신한 자는 하나님께 당당하게 축복과 상

을 줄 것을 끈질기게 외치며 요구하라는 말입니다.

"야베스가 이스라엘 하나님께 아뢰어 가로되 원컨대 주께서 내게
복에 복을 더 하사 나의 지경을 넓히시고 주의 손으로 나를
도우사 나로 환난을 벗어나 근심이 없게 하옵소서 하였더니
하나님이 그 구하는 것을 허락하셨더라"(대상 4:10)

베드로 역시 막 10장 28절에서 "베드로가 여짜와 가로되 보
소서 우리가 모든 것을 버리고 주를 좇았나이다"라고 예수님
께 고백합니다.

이 고백의 함의는 "우리가 주님을 위해 모든 것을 버렸는데
우리에게 무슨 상이 있습니까?"라는 함의입니다.

이에 예수님은 뭐라고 말씀하십니까?

"예수께서 가라사대 내가 진실로 너희에게 이르노니 나와 및
복음을 위하여 집이나 형제나 자매나 어미나 아비나 자식이나
전토를 버린 자는 금세에 있어 집과 형제와 자매와 모친과 자식과
전토를 백배나 받되 핍박을 겸하여 받고
내세에 영생을 받지 못할 자가 없느니라" (막 10장 28~30)

사도 바울 역시 하나님의 헌신의 상을 바라보았습니다. 그렇
기에 그는 사역중의 수많은 고난과 역경에도 하나님의 헌신
의 상을 바라보았기에 낙심하지 않았던 것입니다.

"운동장에서 달음질하는 자들이 다 달아날찌라도 오직 상 얻는 자는 하나인줄을 너희가 알지 못하느냐 너희도 얻도록 이와 같이 달음질하라" (고전 9:24)

"푯대를 향하여 그리스도 예수 안에서 하나님이 위에서 부르신 부름의 상을 위하여 좇아 가노라" (빌 3:14)

"내가 선한 싸움을 싸우고 나의 달려갈 길을 마치고 믿음을 지켰으니 이제 후로는 나를 위하여 의의 면류관이 예비되었으므로 주 곧 의로우신 재판장이 그 날에 내게 주실 것이니 내게만 아니라 주의 나타나심을 사모하는 모든 자에게니라" (딤후 4:7~8)

모세 역시 상주심을 바라보았습니다

"믿음으로 모세가 났을 때에 그 부모가 아름다운 아이임을 보고 석 달 동안 숨겨 왕의 명령을 무서워하지 아니하였으며.믿음으로 모세는 장성하여 바로의 공주의 아들이라 칭함 받기를 거절하고 .도리어 하나님의 백성과 함께 고난 받기를 잠시 죄악의 낙을 누리는 것보다 더 좋아하고 그리스도를 위하여 받는 수모를 애굽의 모든 보화보다 더 큰 재물로 여겼으니 이는 상 주심을 바라봄이라" (히 11:23~26)

"만일 누구든지 금이나 은이나 보석이나 나무나 풀이나 짚으로 이 터 위에 세우면 각각 그 공력이 나타날 터인데 그 날이 공력을 밝히리니 이는 불로 나타내고 그 불이 각 사람의 공력이 어떠한 것을 시험할 것임이니라 만일 누구든지 그 위에 세운 공력이 그대로 있으면 상을 받고 누구든지 공력이 불타면 해를 받으리니 그러나 자기는 구원을 얻되 불 가운데서 얻은 것 같으리라"
(고전 3:12~14)

# ※ 진단 점검 사항 ※

❶ 당신의 교회에 신학교에 진학하는 학생들이 있습니까?

❷ 당신의 교회에 주님앞에 여러 모양으로 헌신을 서원하는 서원자들이 많습니까?

❸ 당신의 교회에 일할 일꾼이 넘쳐나는 편입니까?

❹ 당신의 교회에 온전한 십일조를 드리는 성도들이 많은 편입니까?

❺ 당신의 교회에 주일날 보이지 않는 곳에서 봉사하는 성도들이 많습니까?

❻ 당신의 교회는 선교적 관심을 가지고 있는 교회입니까?

❼ 당신의 교회에 성전봉헌을 위하여 헌금하는 분들이 많습니까?

❽ 당신의 교회에 교역자와 교회를 위하여 기도로 헌신한 분들이 있습니까?

❾ 당신의 교회에 교회학교 교사는 넘쳐나는 편입니까?

❿ 당신의 교회에 교회를 떠나는 성도들이 거의 없는 편입니까?

"우리가 세상에서 가장 알지못하는 헌신이
하늘에서는 가장 많이 알려져 있곤 한다"
(카우신)

# 부흥의 파도

# 제 3원리

## 당신의 교회의 찬양사역을 점검하십시오
## 찬양에 교회의 부흥이 달려있습니다

요한계시록 7장에 보면 우리의 예배하는 모습이 아름다운 환상으로 묘사되어 있습니다. 14만 4천명의 흰옷 입은 성도들이 서 있습니다. 그 옆으로는 헤아릴 수 없는 큰 무리들이 종려나무 가지를 들고 서 있습니다. 이 무리들이 하나님과 보좌에 계시는 어린 양을 향해 영광 돌리는 모습이 나옵니다.

"구원하심이 보좌에 앉으신 우리 하나님과 어린 양에게 있도다"
(10절)

이와 같이 모든 성도들이 기쁨으로 예배하는 모습은 우리가 하나님 나라에서 영원히 할 일임을 가르쳐 줍니다. 또한 성도의 가장 행복이 하나님을 경배하고 찬양하는 데 있음을 보여주는 것입니다.

천국에 가면 우리는 영원히 하나님을 찬양하게 됩니다.

보좌위에 앉으신 영광의 하나님께 그 우편에 서신 어린양께 영원토록 찬양과 경배를 돌리는 것이 바로 천국입니다.

찬양은 천국에서의 영원한 직무입니다. 우리가 이 땅에서 주님을 찬양 하는 것은 천국에서 주님께 영원히 드리게 될 찬양의 "예행 연습"입니다. 영원토록 찬양이 끊이지 않는 곳이 천국인 것입니다.

영지주의 이단들의 공통적인 특징이 있습니다. 그들은 찬양과 기도를 도외시 합니다.

영지주의란 영적인 지식과 깨달음이 우리에게 참된 구원을 가져다줄수 있다는 오래된 이단의 한 분파이기에, 즉 지성적 믿음체계만을 추구하기에 감성에 호소하는 듯한 찬양과 영적인 지식과 깨달음이 아닌 의지에 호소하는 듯한 기도의 중요성을 간과하는 심각한 우를 범하고 있습니다.

이와 반대로 대표적 이단인 몰몬교의 태버나클 콰이어 같은 성가대는 클래식하고 거룩한 성가로써 전 미국인들의 심성을 매료시키고 있습니다. 이들의 노래하는 소리를 들어 보면 마치 천상의 음성을 듣는 것처럼 느껴지게 된다고 합니다. 사탄이 이제는 아주 광명의 천사들처럼 사람들을 유혹하고 있는 것입니다.

노래는 영적 세계의 강력한 영의 통로입니다. 시편 22편 3절에서는 "이스라엘의 찬송 중에 거하시는 주여 주는 거룩하시나이다"라고 말씀합니다

하나님은 찬양이라는 노래중에 강력히 임재하시고 현존하신다는 말씀입니다. 즉 찬양은 단순히 노래가 아니라 강력한 성령 임재와 현존의 통로인 것을 잊어서는 안됩니다.

그렇기에 세상의 가요를 통해서는 사탄의 영이 강력히 역사함을 잊어서는 안됩니다.

찬양이라는 노래를 통하여 성령이 강력히 임재하시고 현존하는 반면에 가요라는 노래를 통하여 사탄 또한 강력히 역사합니다. 가요를 통하여 영적 독성이 그들에게 흘러들어가게 됨을 잊어서는 안됩니다.

유명 세상 가수들의 자살이 유독 많음이 위의 사실과 무관하지 않음을 기억해야 합니다.

저 개인적인 간증이겠지만 저는 정말 죽을만큼의 위기를 찬양으로 극복한 적이 수없이 많습니다. 그래서 지금도 정말로 어렵고 힘들때면 저는 찬송을 찾습니다.

왜 일까요? 다시 한번 강조하지만

"이스라엘의 찬송 중에 거하시는 주여 주는 거룩하시나이다"
(시 22:3)

찬양 가운데는 하나님의 강력한 임재가 있기 때문입니다. 찬양중에는 하나님의 강력한 현존이 있습니다. 찬양중에는 하나님의 강력한 영의 임재가 있기 때문입니다.

찬양은 노래가 아닙니다 하나님의 임재 그 자체입니다. 이런 사실을 인지못한다면 그 사람은 아직 찬양을 모르는 사람입니다.

바로 찬송할때 강력한 주의 영의 임재가 있습니다.

이스라엘에는 성가대가 5천명이었다고 합니다. 상당히 많지요? 역대하 20장을 보면 남 유다의 여호사밧 왕 당시 모압과 암몬의 연합군이 유다를 침공하였습니다. 그들에게 닥친 현실은 너무나도 두려운 상황이었습니다. 상대방은 이쪽과는 비교도 할 수 없는 큰 무리였습니다. 전투력에 있어서도 상대방은 연합군으로서 그 세력이 막강하였습니다.

여호사밧은 온 유다 백성에게 금식을 선포하였습니다. 절대절명의 위기의 순간에 여호사밧은 하나님께 기도하기 시작했습니다. 그는 성소를 두고 약속하신 하나님의 약속의 말씀을 붙잡고 간절히 기도하였습니다. 그때 하나님께서는 레위 사람 '야하시엘'을 통해 이 전쟁에서 유다가 승리할 것을 말씀해 주셨습니다. 이 전쟁은 "하나님께 속한 것이며"(15절) "너희가 싸울 것이 없다"(17절)는 하나님의 말씀에 여호사밧은 군사적인 전투 태세를 전혀 갖추지 않았습니다. 대신 참으로 희한한 결정 한 가지를 하게 됩니다.

여호사밧은 백성과 의논하여 노래하는 자들을 택하고 그들에게 거룩한 예복을 입혀서 군대 앞에 행하며 여호와를 찬송하게 했습니다. 선지자가 "이 전쟁에서 너희가 싸울 것이 없다"고 한 말씀을 듣고서 여호사밧은 생각했습니다. '그럼 우리가 할 수 있는 일은 무엇이란 말인가?' 그들이 할 수 있는 유일한 일은 승리를 주실 하나님을 신뢰하고 그 하나님을 찬양하는 것뿐이라고 생각했습니다.

하나님께서 싸우실 것이고, 하나님께서 승리를 주실 것임을 절대적으로 믿는다는 의미로 그는 찬양하는 자들을 택하여 그들로 하여금 하나님을 찬양하게 하였습니다. 상대 연합군의 입장에서 볼때는 생사가 오가는 싸움터에서 전투 태세를 갖추기는 커녕 친양하는 자들을 택하여 찬양을 하게 한 것은 참으로 어리석고 미친 짓같이 보였을 것입니다. 그러나 유다 사람들은 너무나 진지하게 전쟁터에서 찬양을 부르며 그들에게 다가갔습니다.

한번 생각해 보십시오.

생사가 오고가는 피비린내 나는 전쟁터에서 이스라엘은 수천명의 성가대가 제일 선열에서 찬양을 불렀습니다.

칼과 창으로 무장한 상대 전력 앞에 아무 무기도 없이 예복을 입고 앞에 서서 그들은 찬양만을 하였습니다.

여호사밧은 택한 성가대로 하여금 하나님의 영광만을 찬양하게 하였습니다. 그 영광의 노래와 찬송이 시작될 때 하나님은 일하시기 시작하셨습니다. 그들이 찬양을 시작하자 하나님께서 친히 싸우셔서 암몬과 모압 족속을 멸하셨습니다.
(대하 20:20-23)

영적 전쟁의 승리의 비결, 그것은 찬양입니다.

사무엘상 16장을 보면 귀신 들린 사울왕 앞에서 다윗이 수금으로 찬양을 탔을때 사울을 사로 잡고 있었던 악령이 떠나갔습니다.

좌절과 절망과 두려움 가운데 우리가 찬양할때 염려의 마귀, 절망의 마귀, 좌절의 마귀가 물러가는 역사가 있습니다.

여러분 두려우십니까? 찬송을 부르시기 바랍니다.
여러분 위기입니까? 찬송을 부르시기 바랍니다.
여러분 괴로우십니까? 찬송을 부르시기 바랍니다.

좌절과 절망과 두려움 가운데 우리가 찬양할때 염려의 마귀, 절망의 마귀, 좌절의 마귀가 물러가는 역사가 있습니다.

특별히 다윗은 찬양의 능력을 알고 있는 사람이었습니다.

그는 늘 수금으로 찬양을 타며 하나님을 찬양하며 하나님의 임재와 현존가운데 산 사람입니다. 심지어 다윗은 삼하 6장을 보면 바지가 엉덩이까지 내려왔음을 알면서도 기쁨으로 찬양하며 춤까지 추었습니다.

그의 시편 22편 3절의 다윗의 고백은 그의 현재 삶의 고백이었던 것입니다.

"이스라엘의 찬송 중에 거하시는 주여 주는 거룩하시나이다"
(시 22:3)

그가 지은 수많은 시편의 시들은 모두 바로 찬양이었습니다.

이래도 여러분들은 찬양의 능력을 과소평가 할수 있을까요?

다윗의 영성은 다름아닌 찬양의 영성이었습니다. 저는 다윗을 너무 너무 사랑합니다. 이유는 그는 찬양의 능력과 의미와 임재와 현존을 아는 유일한 하나님의 사람이기 때문입니다.

찬송 생활의 능력과 권능을 고백한, 전세계적으로 수천만권의 책이 팔린 "찬송생활의 권능"(멀린R. 케로더스) 이라는 책이 있습니다.

그는 이 책에서 우리가 찬송을 소홀히 함으로써 하나님의 능력이 우리의 삶에 나타나지 못하고 있음을 신랄히 지적합니다.

그렇습니다. 우리가 찬양의 소홀히 하지 않을때 하나님의 능력이 우리의 삶에 드러나고 흘러 넘치게 될것입니다.

특별히 우리의 환경이 어떠하든 우리는 한가지만을 찬양해야합니다. 그것은 바로 하나님의 신실하심과 하나님의 성실하심과 하나님의 선하심과 하나님의 위대하심만을 찬양해야 합니다.

우리가 처한 상황에 따라 찬양의 크기, 찬양의 무게, 찬양의 깊이가 달라져서는 안 됩니다. 여호사밧왕이 전쟁이라는 두려운 상황에서 그것도 군대보다 앞장서서, 성가대 한 일은 하나님을 찬양한 것이었습니다.

그것도 "도와주십시오"라는 내용이 담긴 눈물 섞인 찬양이 아니라, "하나님 감사합니다"라는 내용의 힘찬 찬양이었습니다. 그들은 전쟁의 극한 상황에서 언제나 신실하시고 자비하신 하나님을 찬양하였습니다. 영광의 찬양을 하였습니다.

> "여호와께 감사하세 그 자비하심이 영원하도다."

이 찬양의 가사는 시편에서 많이 찾아볼 수 있는 가사입니다. 하나님은 언제나 약속하신 말씀 그대로 성취하시는 분이시라는 것은 시편 찬양의 주요한 주제이기도 합니다. 여호사밧은 다른 내용이 아닌 하나님의 성품과 하나님의 역사의 영원성을 찬양하는 영광의 찬양만을 부르게 했습니다.

우리 이 찬양을 함께 불러 보겠습니다.

> "주께 감사하세 그는 선하시며   인자하심이 영원함이로다
>   주께 감사하세 그는 선하시며 인자 하심이 영원함이로다"

특별히 우리의 환경이 어떠하든 우리는 한가지만을 찬양해야 합니다. 이것은 우리에게 우리의 찬양의 자세에 대해 잘 말해줍니다.

그것은 바로 우리의 환경이 어떠하든 하나님의 신실하심과 하나님의 성실하심과 하나님의 위대하심만을 찬양해야 합니다. 그러할 때 찬양의 능력이 우리가운데 드러나게 된다는 사실입니다.

사도행전 16장을 보면 바울과 실라가 빌립보에서 복음을 전하다 감옥에 갇히게 됩니다 바울과 실라가 감옥에서 감옥에서 찬양할 때 어떠한 역사가 일어났습니까?

"이에 갑자기 큰 지진이 나서 옥터가 움직이고 문이 곧 다 열리며 모든 사람의 매인 것이 다 벗어진지라"(행 16:26)

바울과 실라가 감옥에서 기도하고 찬양할 때 옥문이 열려지고 바울과 실라뿐 아니라 모든 죄수들을 사로 잡고 있었던 착고와 수갑이 풀려지는 역사가 있었습니다.

그렇습니다
우리가 찬양할 때 우리의 문제의 문이 열려지고 해결되어지는 역사가 있습니다.

우리가 찬양할 때 우리를 사로 잡고 있었던 모든 얽매인 세상의 문제들이 풀려지고 해결되어지는 역사가 있습니다.

또한 찬양을 하면 담대함을 주십니다.
창세기 49장을 보면 야곱이 그의 아들인 유다를 축복합니다.

"유다야 너는 네 형제의 찬송이 될지라 네 손이 네 원수의 목을
자을 것이요 네 아버지의 아들들이 네 앞에 절하리로다
유다는 사자 새끼로다"(창 49:8-9)

유다라는 이름은 바로 찬양이라는 뜻입니다.

유다(찬양)는 사자새끼로다. 우리가 찬양을 하면은 주님이 우
리와 함께 하시기 때문에 두려울 것이 하나도 없습니다. 불
안하고 두렵습니까? 찬양을 해보세요. 평안이 넘칠 것입니다.
또한 찬양을 하면 하나님이 높여주십니다.

유다(찬양)에게는 홀이 있고 지팡이가 있다고 했습니다.
"규가 유다를 떠나지 아니하며 통치자의 지팡이가 그 발 사이에서
떠나지 아니하기를 실로가 오시기까지 이르니니 그에게 모든
백성이 복종하리로다" (창 49:10)

규는 임금의 지휘봉을 말하고 지팡이는 임금의 지팡이를 말
합니다 찬양하는 자는 하나님이 높여 주십니다. 찬양하는 자
는 놀라운 영적 권위를 가지게 됩니다. 높아집니다. 영화롭게
되어집니다. 찬양하는 자는 날마다 승리하게 됩니다. 놀라운
승리와 영적 권위를 가지게 됩니다.

다윗을 보십시오 그는 사무엘상 17장에서 블레셋의 장군 골

리앗과 싸움에 그는 직면합니다.

미국의 뛰어난 강해 설교자 가운데 한 사람인 찰스 스윈돌 목사는 그의 책 '다윗'에서 "구약성경에 묘사된 가장 유명한 전투는 두 군대간의 전투가 아니라 두 사람간이 전투였다. 그 전투가 바로 다윗과 골리앗의 결투이다." 라고 했습니다.

사무엘상 17장 4-7절에서 골리앗에 대해 묘사를 하고 있습니다. 17장 4절에 보면 골리앗은 키가 여섯 규빗 한 뼘이었다고 했습니다. 이는 우리식으로 계산하면 그의 키가 3m가 되었다는 것을 말씀합니다. 그의 갑옷이 오천 세겔, 즉 80kg-90kg나 되었고, 다리에는 놋갑경을 입었다고 했습니다. 이는 정강이에 차는 흔히 말하는 각반을 말하는 것입니다. 그리고 놋으로 된 투구를 썼고, 온 몸은 쇠 비늘로 된 갑옷을 입었다고 했습니다.

어깨에는 놋으로 된 창을 들었는데 그 무게가 창날만 6백 세겔 즉 9kg 내지는 11kg이 되었다고 했습니다. 그리고 방패든 자가 앞에 서 있었다고 했습니다.

이러한 무시무시한 골리앗과의 싸움에서 다윗은 하나님을 찬양합니다.

"다윗이 불레셋 사람에게 이르되 너는 칼과 창과 단검으로 내게
나아오거니와 나는 만군의 여호와의 이름 곧 네가 모욕하는
이스라엘의 군대의 하나님의 이름으로 네게 나아가노라"

(삼상 17:45)


이것은 바로 하나님을 찬양한 것입니다.

다윗은 이렇게 찬양하며 골리앗 장군에게로 나아갑니다.

다윗의 물맷돌은 골리앗 장군에 이마에 박힙니다. 골리앗은
쓰러지고 다윗은 승리합니다.


찬양하는 자는 반드시 승리합니다. 찬양하는 자는 놀라운 영
적 권세와 권위를 얻게 되기 때문입니다. 찬양하는 자에게는
반드시 승리가 있습니다. 다윗이 골리앗과의 싸움에서 승리
할수 있었던 이유는 하나님을 찬양했기 때문입니다.


하나님은 찬송 중에 거하십니다

"이스라엘의 찬송 중에 거하시는 주여 주는 거룩하시나이다"
(시22:3)

찬양 가운데는 하나님의 강력한 임재가 있기 때문입니다.

찬양 중에는 하나님의 강력한 영의 임재가 있습니다.

고린도후서 3장 17절에서 사도바울은
"주는 영이시니 주의 영이 계신 곳에 자유함이 있느니라"

찬양으로 주의 영이 임재할 때 우리는 자유하게 됩니다.
우리를 사로잡고 있는 모든 문제와 두려움과 어려움 가운데서 우리는 자유하게 됩니다. 해방되게 되어집니다.

여러분 두려우십니까? 찬송을 부르시기 바랍니다.
여러분 위기입니까? 찬송을 부르시기 바랍니다.
여러분 괴로우십니까? 찬송을 부르시기 바랍니다.

찬송을 부를때 주님이 여러분과 함께 하십니다.
찬송을 부를때 마귀가 떠나갑니다.
찬송을 부를때 우리의 문제가 해결되어집니다.
찬송을 부를때 담대해집니다.
찬송을 부를때 승리가 있습니다.
찬송을 부를때 우리는 놀라운 영적 권위를 갖게.됩니다.

찬송을 부를때 우리는 우리를 사로잡고 있는 모든 문제와 두려움과 어려움 가운데서 우리는 자유하게 됩니다. 해방되게 되어집니다.

찬송으로 승리하는 삶을 살아가시는 성도님들 모두 되십시요

특별히 이사야 43장 21절을 보면

"이 백성은 내가 나를 위하여 지었나니 나를 찬송하게 하려 함이니라"(사 43:21) 라고 말씀합니다.

무슨 말씀입니까? 찬송은 하나님의 창조 목적이자 명령이자 하나님의 뜻이라는 것입니다.

그렇기에 하나님을 영화롭게 하고 하나님을 찬양하며 사는 사람을 하나님은 책임지시고 형통케 하시는 놀라운 역사와 은혜가 반드시 있습니다. 찬송은 하나님의 창조 목적이자 명령이자 하나님의 뜻이기 때문입니다.

찬양은 하나님의 뜻입니다.
그렇기에 찬양하는 자의 인생은 형통합니다.
찬양은 하나님의 명령이자 바로 하나님의 뜻이기 때문입니다
여러분의 삶이 바로 찬양이 되게 하십시오.
그러한 자의 인생을 하나님이 형통케 하시고 책임지시는 놀라운 역사가 있습니다.

## 미국교회사의 무디와 생키의 찬양사역

1870년 미국의 유명한 부흥사 무디의 전도 집회에 노래를 부르며 풍금을 사용하며 찬양을 인도하는 쌩키(Ira David Sanky)가 있었습니다. 그의 찬양이 은혜를 받는데 결정적인 역할을 하였고 교회 부흥에 크게 기여하였습니다.

생키가 한두 곡을 부르고 나서 무디가 설교를 하기 시작했습니다. 때마침 공장이나 제분소에서 일하던 노동자들이 퇴근하는 중이었기 때문에 얼마 되지 않아서 많은 사람들이 몰려들었습니다. 생키는 무디가 그날 저녁 그 상자 위에서 한 설교는 전에 들어 본 적이 없는 설교였노라고 말했습니다.

청중들은 무디의 입술에서 흘러나오는 매우 강력하고 빠른 설교에 감동되어 넋을 잃은 채 서 있었습니다. 15분 정도가 지난 후 무디는 상자에서 뛰어내려와 집회 장소를 음악 학원으로 옮겨서 계속 설교하겠노라고 하면서 청중들에게 자기와 함께 갈 것을 제안하였습니다.

생키와 그의 친구들은 '강가로 모일까요?'라는 찬송을 부르면서 거리를 행진했습니다. 무디는 복음 사역에 있어서 음악이 차지하는 역할이 매우 중요하다고 생각했습니다.

첫날부터 생키는 무디와 함께 성도들 가운데 병약한 자를 심방했습니다. 그때마다 생키가 먼저 찬양을 부르고, 그 후 무디는 하나님의 말씀을 전하고 치유되기를 위해서 기도했습니다.

그 주간에 맞이한 주일에는 페어웰 홀(Farewell Hall)에서 큰 집회가 열렸습니다. 예배가 끝날 무렵에 많은 사람들이 주님을 영접하려는 기도에 동참하려고 일어났습니다.

'신앙 문답 결단 상담'을 마칠 즈음에 무디는 생키에게 이렇게 말했습니다. "내일 고향에 가시지만 제가 이 사역에 오셔서 도와달라는 요청이 옳다고 인정하신다면 가능한 빨리 마음을 정하시고 저에게 오셔서 도와주시길 바랍니다."

이 바람은 이루어졌습니다. 생키는 자기 직장을 그만두고 시카고에 와서 무디가 사역하던 일리노이 스트리트 교회에 함께 합류했으며 기독교청년회(YMCA)의 활동에 동참했습니다.

무디는 인디애나폴리스 집회에서 생키로 인해서 집회가 새로워짐을 알았고, 복음 사역에서 찬송의 역할을 믿게 되었습니다.

포스터에 "무디가 복음을 전하며, 생키는 노래한다"라고 썼습니다. 세번째 영국 집회는 청중들이 생키의 찬송을 들으면서 변했고, 시간이 지날수록 강해졌습니다.

<뉴욕 트리뷴>지는 무디와 생키에 대해 '두 사람의 신실성'을 높이 평가했습니다. 무디와 생키가 1873년 출판한 찬송가는 엄청난 호응을 얻었습니다. 가사는 무디가 썼고, 곡은 생키가 붙였다. 무디와 생키는 가장 잘 어울리는 콤비였습니다
8)

---

8) "달란트대로 하나님께 영광을 돌린 사람들, 이승하 목사"

성령 충만한 교회에 가면 찬양이 살아 있습니다. 성령 충만한 성도는 슬플 때나 기쁠 때나 항상 그 입에서 찬양이 떠나지 않습니다. 가슴에서 성령의 샘물이 터져 나와 입으로 막아둘 수가 없게 되는 것입니다. 해일을 막지 못하듯 사랑의 감동의 해일을 막아둘 수가 없는 것입니다. 혼자 흥얼거리기도 하고, 함께 부르기도 합니다. 찬양이 그 사람의 가슴에 가득 차 있기 때문입니다. 마치 용암이 산을 뚫고 분출하듯이 찬양이 활화산처럼 흘러넘치는 것입니다.

성령 충만은 찬양 충만에 다름 아닙니다

여러분! 항상 찬송의 제사를 하나님께 드리십시오

"그러므로 우리는 예수로 말미암아 항상 찬송의 제사를 하나님께 드리자 이는 그 이름을 증언하는 입술의 열매니라"(히 13:15)

찬송은 황소를 드리는 제사보다 하나님이 기뻐받으십니다

"내가 노래로 하나님의 이름을 찬송하며 감사함으로 하나님을 광대하시다 하리니 이것이 소 곧 뿔과 굽이 있는 황소를 드림보다 여호와를 더욱 기쁘시게 함이 될 것이라"(시 69:30~31)

무엇보다 찬양하는 자는 그의 마음이 영원히 소성됩니다.

"겸손한 자는 먹고 배부를 것이며 여호와를 찾는 자는 그를

찬송할 것이라 너희 마음은 영원히 살지어다" (시22:26)

당신의 교회의 찬양사역을 점검하십시오. 찬양에 교회의 부흥이 달려있습니다.

## 한국교회사에 나타난 찬양운동

대개 한국에서의 경배와 찬양운동을 두란노 목요찬양모임에서 그 기원을 찾고 있지만, 이미 그 10년 전에 예수전도단이 1977년 YMCA강당에서의 첫 찬양모임에서 그 서막을 올렸다.[9]

1987년 2월 첫 번째 두란노 목요찬양모임의 리더였던 하용인은 학생시절 예수전도단에서 리더로 활동하였으며, 영국유학중에 이 운동을 직접 피부로 절감하고 이를 한국교회에 접목시키고자 모임을 시작했다. 서너달 후에 100명, 이듬해엔 이화여대 대강당을 메울 정도로 커졌고, <두란노 목요찬양모임>을 통해 전국적으로 퍼져나갔다.

거의 같은 시기에 1987년 3월 대구에서는 최용덕이 이끄는 <찬미 찬양집회>가, 같은 해 10월 충신교회에서는 <목요찬양>이 시작 되었다. 1990년 찬양사역자 연합회와 한 청년기독교단체와 연합 으로 행사를 갖게 되었는데, 찬양사역자연합회는 경배와 찬양 형 태로, 청년기독교단체는 전통적 예배 형태를 주장하여 결렬의 위

---

9) "한국의 경배와 찬양운동에 대한 개혁신학 입장에서의 비판과 그 대안으로서의 시편찬송" 노승수 목사

기가 있었으나 결국 1부는 찬양과 경배, 2부는 예배를 드리는 순서로 결정되었다.

이런 형태가 이후 한국교회 전체에 퍼져나가 많은 교회에 찬양과 경배 형태로 시작해서 예배로 끝내는 형태가 굳어지게 될 줄은 아무도 몰랐다.

한국의 경배와 찬양운동은 미국에서 들여온 것이다. 미국의 찬양과 경배운동은 1960년대 후반 갈보리교회 척 스미스 목사를 중심으로 확산되었는데, 여기서 나온 음반이 '마라나타'이다.

이후 1970년대 후반 존 윔버가 시작한 빈야드 교회가 이 운동의 한 축을 이루게 된다. 그리고 1985년부터 경배와 찬양형태의 예배를 라이브 음반으로 내기 시작한 호산나음반회사가 있다.

호산나 예배앨범이 성공요인은,

첫째 라이브 형식으로 앨범을 제작했기 때문에 예배현장에 참여하여 살아계신 하나님의 임재를 경험할 수 있게 한 것,

둘째 미국을 비롯하여 세계의 기름부음이 있는 예배인도자를 세워서 예배의 다양성과 함께 매번 신선한 예배를 경험할 수 있도록 한 것,

셋째 일류 세션들을 녹음에 참여시켜 예배음악의 수준을 끌어 올

려서 예배 인도자의 힘있는 선포와 기도, 현장감, 박수소리, 환호, 방언찬양을 음반에 담아 살아 역사하시는 하나님의 마음을 전한 점이라고 찬양 사역자들을 말한다.

여기서 경배와 찬양운동의 핵심은 "하나님의 임재"라고 단언할 수 있다. 즉 목적으로서 "하나님의 임재를 경험하는 것"이며, 따라서 리더의 필수조건은 "기름부음"이며, 일류세션이 필요함은 "살아 역사하시는 하나님의 마음을 전하기 위해서"이다.

따라서 찬양리더는 역동적이고 생명력 있는 부분을 담당하는 사람으로서 하나님의 임재하심에 대단히 민감한 사람이어야 한다. 어떻게 하나님의 임재에 들어갈 수 있는가? 밥 소르기는 '하나님의 임재에 들어가는데 올바르거나 틀린 방법은 없으며, 오직 하나님의 방법만 있을 뿐'이라고 한다. 그러한 이유로 워십음악에는 새롭고 역동적인 면, 생동감, 선율의 풍부함이 요청된다.

이러한 경배찬양은 하나님과 직접 교통하게 하며 워십송을 통해서 크리스천들은 하나님과 직접적으로 만날 수 있기 때문에, 당연한 귀결로 예배의 회복이 열매 맺는다.

결국 예배의 회복은 하나님의 임재에 있고, 그러한 목적을 위한 수단으로서 경배와 찬양이 있는데 형식은 제한되지 않아도 된다. 다만 음악은 하나님의 영에 더 민감하게 해 줌으로써 예언의 흐름을 더 강화시켜 주고 예언의 영이 역사하는 신령한 노래가 최고의 찬양인 셈이다.

밥 소르기는 <찬양으로 가슴 벅찬 예배> 1부 7장에서, 바울이 말한 시와 찬미와 신령한 노래를 따라 찬양을 다음과 같이 구분한다. 시는 성구를 노래하는 것, 찬미는 사람이 작곡한 노래, 신령한 노래는 우리 영이 하나님께로 올가는 순간 자연스럽게 우러나오는 노래이다.

 그리고 이 신령한 노래는 두 단계가 있는데, 하나님과 개인적 즐거움을 위한 즉흥적인 노래의 단계와 회중 전체를 위해 신령한 노래를 부르는 단계이다.

둘째 단계는 다시 4가지 형태로 나뉘는데, 간단한 찬양, 여호와의 노래, 예언의 말로 노래하는 것, 하늘의 노래라고 주장을 통해 밥은 경배와 찬양운동에 대한 성경적 근거를 마련한다.

이러한 근거 위에 경배와 찬양의 노래들은 1966년 영국에서 Youth Praise라는 노래집이 출판되면서 시작되었으나, 그것이 현재와 같은 찬양예배의 형식을 띄게 된 것은 결정적으로 60-70년대의 미국의 은사운동과 연결되면서이다. 70년대의 은사운동과 예수운동의 여파로 부흥집회와 예배갱신운동이 일어나고 청년 중심으로 합창단, 밴드들을 위한 노래가 만들어졌고 빌리그래이엄 전도단이 대중예배에서 쓰일 노래를 사용하면서 부흥집회 곡이 만들어진 것이 모태가 되었다.

찬양운동의 뿌리는 이와 같이 은사운동이며 경배와 찬양운동의 근저에는 하나님의 임재라는 이름으로 신비주의가 은밀하게 들어와 있다. 특별히 빈야드에서 구성된 진행방법은, 1) Call to Worship(예배에의 초대), 2) Engagement(하나님께로 향함), 3) Expressing God's Love(하나님께로 향한 사랑의 마음을 자연스럽게 표현), 4) Visitation(성령님의 임재하심), 5) Generosity(온전히 자신을 드림) 등의 순으로 되어 있다.[10]

---

10) "한국의 경배와 찬양운동에 대한 개혁신학 입장에서의 비판과 그 대안으로서의 시편찬송" 노승수 목사

# ※ 진단 점검 사항 ※

❶ 교회에 은혜로운 찬양리더와 은혜로운 찬양팀이 존재합니까?

❷ 교회에 정기적인 찬양집회 모임과 예배전에 예배를 위한 찬양시간이 있습니까?

❸ 찬양시에 춤을 추며 박수치며 때로는 성령의 강한 임재로 일어서서 찬양하는 사람들이 있습니까?

❹ 새로운 찬양에 교회가 관심을 가지고 있습니까?

❺ 교회 성가대 찬양에 교인들이 은혜를 많이 받는 편입니까?

❻ 목회자 본인이 찬양의 중요성에 대한 설교를 하는 편입니까?

❼ 교회에 찬송가 외에도 복음성가가 많이 불려지고 있습니까?

❽ 은혜로운 찬양을 위한 악기들이 충분히 구비되어 있습니까?

❾ 교회에 다양한 찬양 합창팀, 중창팀, 워십팀이 존재합니까?

❿ 새벽기도시에 깊은 기도를 위한 좋은 찬양들이 잘 준비되어 있습니까?

"찬양은 믿는 자의 가슴에 파놓은 고랑이다.
이를 통해 하나님의 영광의 물줄기가 흐른다"
(핸슨)

# 부흥의 파도

# 제 4원리

## 당신의 교회의 기도사역을 점검하십시요
## 기도에 교회의 부흥이 달려있습니다

평양 남문 교회에 어떤 목사가 시무하고 있었습니다. 이 목사는 많이 배우지 못했으므로 유식한 설교를 하지 못했습니다. 그런데도 이상하게 교회는 날로 부흥해 갔습니다.

그러던 어느 날, 옆 마을에 미국에서 공부하고 온 목사가 새로 부임해 왔습니다. 이 목사는 학식도 많고 설교도 잘 하고 모든 면에서 뛰어났습니다. 사람들은 분명 무식한 목사보다는 유식한 목사의 교회가 더 빨리 부흥할 것이라고 생각했습니다.

그러나 이상하게도 새로 온 목사의 교회는 부흥되지 않았습니다. 훌륭한 말씀이 있었지만, 왠지 교회는 썰렁하기만 했습니다. 새로 온 목사는 도무지 영문을 알 수 없었습니다. 그래서 고민 끝에 남문 교회 목사를 찾아가 부흥의 비결을 물었습니다. 그러자 그 무식한 목사는 겸허하게 대답했습니다.

"예. 저는 유식한 설교는 못하나 오직 대부분의 시간을 강단에서나 지하실에 엎드려 기도하고 있습니다. 갈급한 마음으로 기도하다 보면, 어느새 성령의 충만함이 임하여 능력 있는 목회를 할 수 있게 됩니다."

이 말을 들은 유식한 목사는 지금껏 자기의 학식만 믿고 기도에 힘쓰지 않았던 것을 깨달았습니다. 그 후 그는 시간이 나는 대로 강단이나 지하실이나 그 어디서나 엎드려 하나님께 기도했습니다.

얼마 후 그 목사님의 교회에도 부흥이 일어나기 시작했습니다. 기도하면 성령이 임합니다. 능력이 임합니다.

"빌기를 다하매 모인 곳이 진동하더니 무리가 다 성령이 충만하여 담대히 하나님의 말씀을 전하니라"(행 4:31)

"솔로몬이 기도를 마치매 불이 하늘에서부터 내려와서 그 번제물과 제물들을 사르고 여호와의 영광이 그 성전에 가득하니"(대하 7:1).

기도하면 성령이 임합니다. 기도하면 성령의 불이 임합니다. 능력이 임합니다. 왜 우리가 능력이 없습니까? 기도하지 않기 때문입니다. 다른 이유가 없습니다. 누가복음을 보십시오. 예수님께서도 세례를 받으시고 기도하실 때에 성령이 임하셨습니다.

"백성이 다 세례를 받을 쌔 예수도 세례를 받으시고 기도하실 때에 하늘이 열리며 성령이 비둘기 같이 그 위에 강림하시더니"
(눅 3:21-22)

주님은 말씀하십니다.

"너희가 악한 자라도 좋은 것으로 자식에게 줄줄 알거든 하물며 하늘에 계신 너희 아버지께서 구하는 자에게 좋은 것으로 주시지 않겠느냐"(마 7:11)

그런데 이 마태복음 말씀을 누가복음에서는 이렇게 말씀하십니다.

"너희 중에 아버지 된 자로서 누가 아들이 생선을 달라 하는데 생선 대신에 뱀을 주며 알을 달라 하는데 전갈을 주겠느냐 너희가 악할지라도 좋은 것을 자식에게 줄줄 알거든 하물며 너희 하늘 아버지께서 구하는 자에게 성령을 주시지 않겠느냐 하시니라"
(눅 11:11-13)

결국 같은 맥락인 두 말씀을 종합하여 결론을 내리면 우리가 하나님께 구할 때 받는 가장 좋은 것은 '성령'이라는 것을 알수 있습니다. 기도하는 자가 받아야 하는 가장 좋은 것은 바로 다름 아닌 성령입니다.

우리가 기도할 때 받아야 하는 가장 본질적이며 가장 좋은 것은 바로 성령입니다. 그래서 예수님께서도 제자들에게 그 무엇보다 성령을 구하라고 하신 것입니다. 성령이야말로 이 시대의 모든 문제를 해결할 수 있는 마스터키라는 사실을 알려주신 것입니다.

또한 간절하게 기도하는 자에게 하나님이 주실 수 있는 가장 큰 선물이 바로 성령임을 뜻하는 것이기도 합니다.

> "성령은 모든 것 곧 하나님의 깊은 것까지도 통달하시느니라"
> (고전 2:10)

성령을 받아야 합니다. 성령은 가장 좋은 것이기 때문입니다. 가장 큰 선물이기 때문입니다. '모두 다 기도하다가 성령 받았습니다'라는 글을 소개합니다.

> "성령 받은 분들은 다 공통점이 있습니다. 누구를 붙잡고 물어봐도 먹고 놀다가, 여행하다가, 싸우다가, 회의하다가, 잠자다가 성령을 받았다는 말은 아직까지 들어보지 못했습니다.
> 모두 다 기도하다가 성령 받았습니다"

부르짖는 자에게 성령을 주시는 것입니다. 어떤 분은 눈보라 치고 북풍한설이 몰아치며 입이 얼어오고 몸이 얼어오는 그 속에서도 간절하게 부르짖음으로 성령을 받고, 어떤 분은 금식하고 기도하면서 성령을 받은 사람도 있습니다. 어떤 분은 밤을 새워서 기도하다가 성령을 받은 사람도 있습니다.

14세기의 위클리프를 비롯해서, 후스, 존 칼빈, 찰스 피니, 리빙스톤, D. L 무디 같은 사람들입니다. 이런 분들이 다 기도하다가 성령 받고 하나님께 크게 쓰임 받았습니다. 성령 강림의 비결, 그것은 기도입니다.

누가복음에서 누가는 예수님의 사역을 오직 기도의 눈으로 보고 있습니다. 기도가 곧 사역임을 곳곳에서 드러내고 있습니다. 기도는 아무 것도 할 수 없을 때 할 수 있는 것이자 다 할 수 있을 것 같을 때 반드시 먼저 해야 하는 것입니다

그렇습니다. 한국교회 현실에서 기도만이 모든 문제의 해결책이며, 한국교회의 부흥과 갱신을 가져올 수 있는 유일한 원천입니다.

기도는 모든 리더십의 기초입니다. 이 점은 성경과 교회사가 보여주는 중요한 가르침이기도 합니다. 사도행전의 역사는 한 기도회에서 시작되었고, 기도는 역사를 움직이는 힘이었습니다.

교회사에 나타나는 영적 지도자들에게 나타나는 가장 현저한 특징은 저들은 기도의 사람이었다는 점입니다. 기도야말로 오늘 우리의 잠든 영혼을 흔들어 깨우는 힘이자, 우리를 위해 예비하신 능력을 받는 수단이기도합니다. 예수님의 산상수훈에서의 가르침대로 기도는 보물창고인 것입니다.

호주의 유명한 전기 작가인 라일J. C. Ryle의 경구警句는 오늘 우리에게 죄의 파괴력과 기도의 힘을 확인시켜 줍니다. 그는 "죄는 기도를 죽이고, 기도는 죄를 죽인다"고 했습니다.

기도는 성령의 임재를 경험하게 하며 날마다 성화의 삶을 가능하게 하지만 죄는 우리의 영혼을 병들게 하고 기도를 무력화시킵니다. 오늘 나의 현실이 어떠한가를 깊이 알면 알수록 기도의 무장이 얼마나 긴요한 요청인가를 깨닫게 합니다.  기도하는 사람들이 이 강산과 대지에 영적 해갈을 가져오고, 드디어는 우리가 꿈꾸는 1907년과 같은 대 부흥을 가져오는 역사가 일어나기를 기대해 봅니다 11)

## 평양 대부흥운동과 미국대각성 운동의 기도 부흥

평양 대부흥운동도 마찬가지입니다.  오직 기도로부터 시작된

---

11) "절대적 기도"(김요셉, 에제키엘) 책의   고신대 이상규 교수의 추천의 글에서 인용

것입니다. 1906년 늦여름에 시작된 기도회는 가을까지 계속 이어졌고 11월에 시작되는 연합 사경회로 연결되었습니다. 예정된 2개월 과정의 사경회가 끝났음에도 모인 사람들은 흩어지지 않고 계속 사경회를 열기로 하였습니다.

이어지는 사경회의 목적은 "성령의 임하심"이었다. 1,500여 명이 모여 1907년 1월 6일 평양 장대현교회에서 시작된 연장 사경회의 처음 한 주일은 그저 그렇게 지나갔습니다.

기다렸던 사건은 두 번째 주간 월요일 저녁(1월 14일)에 마침내 일어났습니다. 당시 부흥회를 인도하던 장로교 리(G. Lee) 선교사의 증언입니다.[1]

"월요일 저녁, 우리는 무슨 일이 벌어질지 모르는 상태로 예배에 참석했다. 우리의 간구를 들어주시기를 하나님께 비는 마음뿐이었다. 예배당에 도착해서 우리 모두는 무언가 일어나고 있음을 느낄 수 있었다. 짧은 설교가 있었고 거기 모인 모든 사람들이 함께 참여하는 통성기도로 들어갔다. 통성기도는 이때 집회의 특징이었다.

기도가 끝나고 몇 사람이 나와 간증한 후 인도자가 찬송을 인도한 후, 집으로 돌아갈 사람은 가고 새벽까지 남아 기도하며 자기 죄를 회개할 사람은 남아 있으라고 광고하였다. 대부분이 돌아갔으나 500-600명 정도가 남았다. 우리는 그들을 ㄱ자로 꺾어진 교회 중앙으로 모았다.

그리곤 기도회를 시작하였는데 기도회는 지금까지 우리가 보지 못했던 그런 형태로 진행되었다. 기도를 마친 후 회개할 사람이 있느냐고 하자 그 순간 하나님의 성령이 모인 사람들 위에 임하였다. 한 사람씩 일어나더니 자기 죄를 자백하고는 쓰러져 울기 시작했다. 그들은 마루에 몸을 뒹굴며 주먹으로 마룻바닥을 때리면서 극심한 고통을 호소하였다. 우리 집 요리사도 자복하면서 뒹굴었다.

그는 나를 보더니 '목사님, 말씀해주세요. 내게 소망이 있습니까? 과연 제가 용서받을수 있을까요?' 하면서 내게 달려와 몸부림치며 울기 시작했다"

"베드로가 이르되 너희가 회개하여 각각 예수 그리스도의
이름으로 세례를 받고 죄 사함을 받으라 그리하면 성령의 선물을
받으리니" (행 2:38)

그날 저녁 집회는 이튿날 아침 10시가 되어서야 끝났습니다. 이것이 한국 기독교사에 획기적인 사건으로 기록되는 '평양 대부흥운동'의 시작입니다.

집회 때마다 통성기도에 이은 공개적 자복이 계속 일어났습니다. 1월 20일 고등성경학원에 모인 여성들에게도, 그리고 2월 10일 평양 남산현교회에서 열린 감리교 연합 사경회에서도 역시 같은 현상이 일어났습니다. 평양에 있으면서 부흥운동 현장을 지켜보았던 감리교의 무어(J. Z. Moore)가 제출한 1907년 선교 보고에서 변화의 실상을 읽을 수 있습니다.[2]

"무엇보다 귀중한 것은 이번 부흥운동으로 한국인들이 다른 식으로는 할 수 없는 그리스도인 체험을 하게 되었다는 것입니다.

십자가와 보혈, 그리고 부활에 대한 옛 복음이 이제 값없이 주시는 은총, 충만하고 완전한 구원으로 생생하게 체험되고 있으며, 말 그대로 게으르고 무능하고, 무익했던 무리가 변하여 엄청난 능력을 지닌 복음 전도자들이 되었습니다. 그뿐 아니라 기독교야말로 한국 백성들의 영적 기갈을 해소시켜 줄 수 있음이 증명되었습니다."

미국의 대각성운동을 가져온 것도 역시 제레마이어 란피어 화란 선교사가 주도한 정오기도회라는 기도운동으로부터 시작되었습니다.

북미 전역에 영적 각성에 대한 열망이 불고 있었습니다. 예컨대 조나단 에드워즈가 <겸손한 시도>를 통해 제기한 부흥을 위한 기도에 동의한 헨리 피쉬의 <옛 경건의 회복>이나 윌리엄 아더의 <불의 혀> 같은 저술들이 출간되어 성령의 기름부으심을 사모하도록 도전을 주었습니다.

이런 가운데 일어나 세기의 사건이 이른바 '정오기도회'였습니다. 1857년 7월 영적대각성 운동의 포문을 연 사람이 바로 화란의 선교사인 제레마이어 란피어 였습니다.[3]

그는 비즈니스맨들에게 적합한 낮 12시부터 한 시간을 기도 시간으로 잡고 안내장을 돌리기 시작하였습니다. 전단지 내용은 다음과 같았습니다.

　　"기도의 말이 내 마음에 있는 한 자주, 내가 유혹의 힘을 느끼는 한 자주, 내가 영적 침체를 내가 감지하거나 내가 세상적인 영의 공격을 느끼는 한 자주, 기도로써 하나님과의 교류를 위해 자주 기도하자"

첫 모임은 1857년 9월 23일 수요일 정오, 노스 화란 개혁교회에서 열렸습니다. 첫날 6명에서 시작해 10월 네 번째 기도회에는 100명까지 늘어났습니다. 기도회 참석자들은 주로 상인들, 기술자들, 점원들, 처음 방문자들이었습니다.

이들에게 하나님을 만날 기회를 주려는 의도에서 시간에 구애받지 않도록 기획했기 때문에 란피어는 자유롭고 자발적인 분위기를 조성했습니다.

차츰 그 열기가 더해지자 매일 기도회를 갖기로 결정하였고, 깊은 죄의식을 가진 불신자들이 합류하면서 강력한 성령의 임재가 나타나기 시작했습니다.

기도회의 결실은 놀라웠습니다. 전도 천막 집회에 4개월 동안 15만명이 참석해 1만명이 회심했고, 1858년 2월 기도 모임에 1주일 만에 감리교인 8천명, 3월 3주간 침례교인 1만 7천명, 5월 장로교인 5만명이 회심하여 6월까지 밝혀진 통계만 96,216명에 달했습니다.

특히 침례교의 경우 1853년-1857년간 평균 2.5%에서 무려 19%로 성장했습니다. 그밖에도 알려지지 않은 수많은 교회에서 놀라운 부흥이 일어났습니다.

종합하면 1957년 일어난 부흥의 열매는 대단했습니다. 한창 때는 한 주간 동안 5만명이 주님께 돌아올 만큼, 2년(1857

년~1859년) 동안 매주 평균 1만명이 회심하는 등 당시 미국 인구 3천만명 가운데 2백만명이 회심하는 역사가 나타난 것입니다.4)

기도회에 참석한 사람들은 교파를 넘어 성령안에서 연합하였고, 드려진 기도가 곳곳에서 구체적으로 응답되었습니다. 가장 고무적인 일은 1861년~1865년 남북전쟁의 와중에 남군 중 약 15만명이 회심했다는 통계입니다.

심지어는 개인 주택은 물론 작업장을 가리지 않고 기도회가 열리는 바람에 상점에 '기도회 뒤에 영업을 개시한다'는 알람이 나붙을 정도였습니다

이후 비슷한 기도 모임을 통한 부흥이 미국 전역을 휩쓸었습니다. 이 부흥은 유명한 인물들에 의해서가 아니라 평신도 지도자들에 의해 주도된 것이 특징이었습니다.

놀라운 것은, 한국의 평양 대부흥운동의 시발점 뿐만 아니라 미국의 대부흥운동, 대각성운동 역시 설교를 통해서가 아니라 바로 회개 기도운동을 통해 촉발된 것입니다.

> "베드로가 이르되 너희가 회개하여 각각 예수 그리스도의
> 이름으로 세례를 받고 죄 사함을 받으라
> 그리하면 성령의 선물을 받으리니" (행 2:38)

기도하면 성령이 임합니다. 능력이 임합니다.

"빌기를 다하매 모인 곳이 진동하더니
무리가 다 성령이 충만하여 담대히 하나님의 말씀을 전하니라"
(사도행전 4:31)

"솔로몬이 기도를 마치매 불이 하늘에서부터 내려와서
그 번제물과 제물들을 사르고
여호와의 영광이 그 성전에 가득하니"
(역대하 7:1)

기도하면 성령이 임합니다. 기도하면 성령의 불이 임합니다. 능력이 임합니다. 왜 우리가 능력이 없습니까? 기도하지 않기 때문입니다. 다른 이유가 없습니다. 누가복음을 보십시오. 예수님께서도 세례를 받으시고 기도하실 때에 성령이 임하셨습니다.

"백성이 다 세례를 받을 새 예수도 세례를 받으시고 기도하실 때에
하늘이 열리며 성령이 비둘기 같은 형체로 그의 위에 강림하시더니 …"
(누가복음 3:21-22)

## 기도할 때, 강력한 성령의 바람이 붑니다

고신대 이상규 역사신학 교수님은 성령대부흥운동의 기도의 중요성을 역설하십니다.

"기도하는 사람들이 이 강산과 대지에 영적 해갈을 가져오고, 드디어는 우리가 꿈꾸는 1907년과 같은 대 부흥을 가져오는 역사가 일어나기를 기대해 봅니다"(고신대 이상규 역사신학 교수)

"오소서 진리의 성령님 이 땅 흔들며 임하소서

거짓과 탐욕 죄악에 무너진 우리 가슴 정케 하소서

오소서 은혜의 성령님 하늘 가르고 임하소서

거룩한 불꽃 하늘로써 임하사 타오르게 하소서

주 영광 위해

부흥의 불길 타오르게 하소서

진리의 말씀 이 땅 새롭게 하소서

은혜의 강물 흐르게 하소서

성령의 바람 이 땅 가득 불어와

흰 옷 입은 주의 순결한 백성

주의 영광 위해 이제 일어나

열방을 치유하며 행진하는

영광의 그날을 주소서"

(부흥2000, 예수전도단)


기도할 때, 강력한 성령의 바람이 불어옵니다. 성령의 능력과 권능, 성령의 어노인팅(기름부으심)과 성령의 강력한 바람은 기도

자에 물붓듯, 기름붓듯 반드시 부어집니다.

여러분의 교회와 가정과 개인의 강력한 기도의 부흥이 있기를 기원합니다. 기도하는 그 곳에 반드시 강력한 성령의 바람이 태풍처럼 몰아칠 것임을 저는 확신하고 단언합니다.

"능력의 근원을 접촉하고자 주님과 교제하며 하루하루를 보내는 은밀한 삶은 세상을 움직인다. 이러한 삶의 주인공들은 쉽게 잊혀질 수 있다. 이들이 죽더라도 아무도 칭송하지 않을 수 있다. 세상이 별로 주목하지 않는다. 그러나 시간이 갈수록 그들의 삶이 일으키는 거대한 흐름은 드러나기 시작할 것이다"(고든)

'기도는 그리스도의 능력을 붙잡는 손입니다'

무디가 미국을 뒤 흔드는 큰 부흥의 역사를 하였습니다. 그래서 그는 잠시 교만했습니다. 자기가 무슨 능력이 있어서 하나님께 크게 쓰임을 받는다고 생각했습니다. 그런데 어느 날 갑자기 설교가 나오지 않습니다. 그 때에 기도했습니다.

하나님께서 깨달음 주십니다. "무디야 네가 잘나서 부흥의 일을 하고 있는 줄 아느냐? 네 교회의 너도 무시하고 온 교우들이 멸시하는 무식한 할머니 그 분의 기도 때문 인줄을 왜 알지 못하느냐?" 하나님께서 책망하셨습니다.

웰쉬만(Welshman)은 부흥의 비결에 대하여 질문을 받았을 때 답하기를 "비결은 없다. 그것은 다만 기도하여 받는 것뿐이다"라고 대답하였습니다.

부흥의 비결은 없습니다. 오직 기도입니다

교회사를 살펴 볼 때에 분명한 사실 한 가지는 기도의 회복이 있는 곳에 부흥이 일어났다는 것입니다. 이것은 매우 분명한 사실입니다.

"이 점은 성경과 교회사가 보여주는 중요한 가르침이기도 합니다. 사도행전의 역사는 한 기도회에서 시작되었고, 기도는 역사를 움직이는 힘이었습니다. 교회사에 나타나는 영적 지도자들에게 나타나는 가장 현저한 특징은 저들은 기도의 사람이었다는 점입니다. 기도야말로 오늘 우리의 잠든 영혼을 흔들어 깨우는 힘이자, 우리를 위해 예비하신 능력을 받는 수단이기도 합니다" (고신대 이상규 역사신학 교수)

개인의 부흥과 교회의 부흥을 원하십니까?

지금 살아 계신 하나님 앞에 무릎을 꿇으십시오. 그것이 부흥의 비결이자 원칙입니다.

"내 교회는 내 눈에서 눈물이 흐르지 않는 동안은 결코 부흥되지 않을 것이다." (스펄젼)

"부흥을 갈망하면서 동시에 (개인적인) 기도와 헌신을 무시하면 이 길이기를 하면서 다른 길로 걸어가는 것과 같다" (A.W.토저)

또한 선교 역시 기도의 힘으로 해야 합니다. 선교는 머리로 하는 것이 아니라 마음으로 하는 것입니다. 위대한 마음은 양을 위해 죽을 수 있는 마음이요 생명을 바쳐 주님을 사랑하는 것입니다. 머리로는 결코 주님께서 맡겨주신 사명을 이

루기 위하여 충성할 수 없고 순교할 수 없습니다.

오직 기도로 무장했을 때에 다른 영혼을 감동시키고 살려낼 수 있습니다. 기도를 통해 하나님의 기름인 성령이 사람의 마음에 부어질 때에 사람의 마음과 영혼은 부드러워지며 세속적이고 이기적인 동기와 목표에서 벗어날 수 있습니다.

요한 웨슬리는 하루에 새벽 미명에 일어나 2시간씩 주님과의 교제의 시간을 가졌고, 헨리 마틴H. Martin은 기도하는 선교사였으며, 조나단 에드워드의 평가에 따르면 브레이너드 Brainerd는 하나님과 다른 영혼을 위해 불타는 열정을 소유한 기도의 사람이었습니다.

선교는 사람들에게 하나님의 말씀을 전파하기 전에 먼저 하나님께 아뢰는 기도로부터 시작되어야 합니다. 기도 사역이 회복될때 기독교 신앙과 선교 실천에서 무엇이 절대적인 기초임을 깨닫게 될 것입니다. 그것은 바로 기도입니다.

기도는 하나님 앞에 자신을 굴복시키는 것이요 항복하는 것이며 겸손한 복종의 표시입니다.

하나님 앞에서 인간의 지력과 자존심 그리고 허영을 십자가에 못 박으며 자신의 영적 파산을 인정함으로써 절대 기도를 체험해야 합니다. 만일 신앙과 선교 실천에서 절대기도 없이 하나님의 뜻과 예수 그리스도의 마음이 빠진다면 그 행위들은 율법지상주의와 도덕무용론의 회칠한 무덤이 될 것입니다.

기도는 영의 호흡입니다. 호흡하지 않는 사람이 어찌 성장을 도모할수 있습니까? 기도는 영의 대화입니다. 대화하지 않는 사람이 어찌 영적 성숙을 성취할수 있습니까?

## 기도합주회란?

기도합주회는 "부흥"과 "선교"를 소망하며 "영적각성"과 "세계복음화"를 위한 연합 중보기도입니다. "영적각성"과 "세계복음화"는 한 사람의 기도로 이루어질 수 없습니다. 신약시대에 일어난 오순절 성령 강림 사건과 같이 <기도>와 <부흥>, 그리고 <선교>가 함께 일어나는 그 일이 우리에게 일어나길 소망하며 함께 연합하여 기도하는 자리가 바로 기도합주회입니다.[12]

기도합주회 정신의 초석을 놓은 사람은 조나단 에드워즈입니다. 그가 선교와 종말 그리고 역사에 관하여 견지하고 있던 근본적인 사상은 바로 '기도-부흥-선교'였습니다. 좀 더 구체적으로 말하면 '중보기도-영적각성-세계복음화'라고 하는 일련의 순차적인 패턴입니다.

---

12) 이후 "선교한국" 홈페이지 글에서 인용

그리고 데이비드 브라이언트는 그의 책 "The Hope at Hand"에서 이 패턴을 하나님의 패턴 혹은 신적인 패턴(the Divine Pattern)이라고 불렀습니다. 이것은 성경에서나 교회 역사에서 입증할 수 있는 패턴입니다.

부흥이 오기 전에는 신실한 하나님의 백성들의 중보기도가 선행되었고, 부흥은 그 결과로서 놀라운 복음의 폭발, 선교적 폭발을 가져왔다는 사실입니다.

부흥은 "하나님께서 주권적으로 당신의 교회에 찾아오셔서 교회로 하여금 잃어버린 하나님에 대한 온전한 감각을 급격히 회복하게 하시는 것"입니다. 특별히 청교도들은 하나님께서 전 세계적으로 당신의 나라를 확장해 나가실 것을 바라보며 소망하였는데, 이를 위하여 하나님께서 사용하시는 방법이 다름 아닌 부흥이라고 믿었습니다.

이것은 사실상 교회의 역사 속에서 그들에게 확증된 사실이었고, 그들의 시대에 입증되고 있었던 것입니다. 교회 역사에서 잠자는 교회, 무능력한 교회를 깨우시고 회복시키신 것은 언제나 부흥 곧 하나님의 주권적인 찾아오심이었습니다. 언제나 진정한 선교의 힘은 부흥과 함께, 혹은 부흥의 직접적인 결과로서 점화되었습니다.

그러므로 오늘날 우리에게 필요한 것은 바로 부흥입니다. 우리의 지역 교회에 부흥이 필요하고, 우리의 신학교들에 부흥이 필요하며, 한국 교회 전체에 부흥이 절실히 필요합니다. 그리고 전 세계적인 부흥을 기다립니다. 우리는 그야말로 절망적으로 부흥을 필요로 하고 있습니다.

하나님께서 허락하시는 참된 부흥은, 세계 선교를 향한 반응으로 우리를 인도하게 됩니다. 우리가 경험하는 모든 영적 부흥은 반드시 선교와 연결되는 것입니다. 이처럼 우리가 연합하여 중보기도하는 자리, 즉 기도합주회로 나아올 때, 우리는 믿음으로 놀라운 영적 부흥과 세계 복음화의 완성을 기대할 수 있습니다.

기도합주회를 통해서 경험하고 보길 원하는 두가지 핵심은 바로 충만과 성취입니다. 다시 말하면 『충만함의 축복』을 경험하며, 『성취라는 은혜』를 맛보는 일입니다. 여기서 충만함의 축복이란 영적 회복과 부흥을 말하는 것입니다. 영적 부흥을 경험하기 위해서는 하나님의 임재를 경험해야하고 하나님의 임재를 경험하기 위해서는 회개와 영적 각성에 따르는 하나님의 성령의 충만케 부어주시는 축복을 경험하는 것을 말합니다.

이것은 하나님의 영광을 경험하기 위한 깊은 갈망과 그 결과 각자의 심령 깊은 곳에 하나님의 영광의 이상을 보게 되고 그것으로 인해 하나님 앞에 선 자신의 존재를 발견하게 되는 것입니다. 이것은 또한 '의'에 대한 목마름이 하나님의 간섭하심으로 말미암아 채워지면 하나님 안에서 깊은 충만함과 만족을 경험하는 것입니다. 이것은 또한 하나님으로부터 오는 회복과 고치심을 경험하는 것이며, 그로 인해 내 속에 성령의 충만함을 경험하는 것입니다.

이러한 하나님의 충만함의 축복이 개인에게 뿐만 아니라 내가 속한 공동체와 사회 국가 더 나아가서, 온 세계가 충만하신 하나님의 임재와 간섭을 경험하며 이것으로 인해서 온 세상이 하나님 앞에 새롭게 되는 것을 기도 가운데 경험하는 것입니다.

이러한 충만함의 축복을 경험한 이들이 두 번째로 기도해야 할 것은 바로 성취의 은혜를 기도 가운데 경험하는 것입니다. 여기서 성취라는 말은 종국적으로 하나님의 이 세상을 향한 뜻이 성취되는 것을 말합니다. 기도를 통해 뜻이 하늘에서 이뤄진 것처럼 땅에서 이뤄지는 것을 경험하는 것입니다.

이 세상을 향한 하나님의 뜻은 이 세상 가운데 하나님의 나라가 임하며 하나님의 통치가 이뤄지는 것입니다. 더 이상이 세상이 혼돈과 나뉨과 죄의 상태에 있지 아니하고 완전한 하나님의 치유와 구속이 이뤄져 가는 것은 기도함으로서 보는 것이다.

기도합주회를 통하여 이러한 하나님의 나라의 충만한 임재를 방해하는 세력들과 영적인 전투를 벌이며, 이 세상 가운데 하나님의 충만하심이 모든 곳에 임하게 되는 성취를 경험하는 것입니다. 이것은 기도를 통해 하나님의 임재와 통치가 아직 임하지 않은 곳을 향해 그들을 구속하시길 원하시는 하나님의 복음을 선포하는 일이며, 선교가 일어나도 하는 일을 통해 성취를 경험하는 것입니다.

온 세상 가운데 한 영역이나 지역 혹은 족속 또 배놓지 않고 하나님의 복음이 선포되는 선교가 일어나기 위해 기도하는 일입니다. 그리고 마침내 모든 민족과 족속과 나라들이 보좌에 앉으신 하나님과 어린양 예수 그리스도를 향해 경배와 찬양과 영광을 돌리는 비전이 성취되는 것을 기도 가운데 보게 될 것입니다.

즉 기도합주회의 두 가지 핵심 기도제목은 회개와 영적각성을 통해 충만함의 축복을 경험하는 것과, 하나님의 지상명령이 성취되는 것을 위해 기도함으로서 성취의 은혜를 경험하는 것입니다.

'기도합주회'라고 말하는 이 특별한 기도회의 역사적인 유래를 먼저 살펴보는 것은 의미 깊은 일입니다. 처음 '기도합주회'가 시작된 곳은 영국의 스코틀랜드였습니다.

기도합주회는 대서양을 건너 조나단 에드워즈가 있던 뉴잉글랜드까지 확장되었습니다. 이렇게 기도합주회의 열기가 막 달아오르고 있을 때인 1747년 2월 3일 에드워즈는 스가랴 8

장 20-22절을 본문으로 설교를 했습니다. 마지막 때에 하나님께서 일으키실 기도운동에 대한 놀라운 해석을 하면서 에드워즈는 기도합주회의 확산이 얼마나 중요한 과업인지를 성경적으로, 신학적으로 면밀하게 드러냈습니다.

그리고 에드워즈는 이것을 확대하여 책으로 출판하기로 결정하였고, 이것은 1748년 1월에 보스턴의 출판업자의 손에 넘어가게 되었고 바로 그 해 출판되었습니다. 이것이 바로 에드워즈의 역사적 저작 <기도합주회>(한국어판은 부흥과 개혁사에서 출판하였다) 입니다. 에드워즈는 1747년 9월 맥컬로크 목사에게 쓴 편지에서 이렇게 말했습니다.

"제가 간절히 소망하는 바는, 하나님의 성령의 부으심과 그리스도의 왕국의 도래를 구하는 비상한 기도를 시작한 사람들이 실패하거나 무감각해 지거나 생명력을 상실하게 되지 않고, 오히려 열정을 가지고 더 많은 사람들이 그 일에 참여하게 되는 것입니다. 저는 여기 미국에서 기도합주회를 확산시키기 위해 많은 노력을 감수해 왔습니다. 그리고 하나님께서 제게 삶을 허락하시는 한, 저는 제가 할 수 있는 모든 방법을 동원하여 기회를 얻는 대로 이 일을 계속할 것이며 결코 포기하지 않을 것입니다"

이 기도합주회는 새롭게 갱신된 7년의 기도 후, 잠시 중단되었다가 1754년 6월 3일 다시 7년 동안 계속되어야 한다는 합의문에 서명을 한 후 재개되었습니다. 그 이후의 역사에서

도 우리는 기도합주회가 각성된 하나님의 사람들에 의해 지속되고 있는 것을 보게 됩니다

# ※ 진단 점검 사항 ※

❶ 여러분의 교회는 기도의 절대적 중요성을 알고 있습니까?

❷ 교회의 새벽기도에 많은 성도들이 출석하고 있습니까?

❸ 교회에 특별 기도집회가 자주 열리는 편입니까?

❹ 목회자와 교회를 특별히 집중해서 기도하는 기도팀이
   존재합니까?

❺ 기도응답의 간증들이 교회에 넘치는 편입니까?

❻ 목회자에게 기도요청을 성도들이 자주 하는 편입니까?

❼ 목회자 자신이 기도에 관한 설교를 자주 하는 편입니까?

❽ 모든 집회나 행사 전에 특별기도가 잘 강조되고 있습니까?

❾ 교회에 기도학교를 운영하고 있습니까?

❿ 교회에 교인들이 자유롭게 와서 기도할수 있는 공간이
   마련되어 있습니까?

"내 교회는 내 눈에서 눈물이 흐르지 않는
동안은 결코 부흥되지 않을 것이다"
(스펄젼)

# 부흥의 파도

# 제 5원리

### 당신의 교회의 부흥을 원하십니까?
### 당신의 교회의 예배론을 점검하십시오

하나님께서 가장 기뻐하는 것이 예배입니다. 모든 성도들이 주님 앞에 나와 구원을 주신 하나님을 향해 마음의 손을 들고, 그분의 거룩한 이름과 크신 영광을 찬송하는 것을 하나님께서 다 받으십니다.

요한계시록 7장에 보면 우리의 예배하는 모습이 아름다운 환상으로 묘사되어 있습니다. 14만 4천명의 흰옷 입은 성도들이 서 있습니다. 그 옆으로는 헤아릴 수 없는 큰 무리들이 종려나무 가지를 들고 서 있습니다. 이 무리들이 하나님과 보좌에 계시는 어린 양을 향해 영광 돌리는 모습이 나옵니다.

"구원하심이 보좌에 앉으신 우리 하나님과 어린 양에게 있도다."(10절)

이와 같이 모든 성도들이 기쁨으로 예배하는 모습은 우리가 하나님나라에서 영원히 할 일임을 가르쳐 줍니다. 또한 성도의 가장 행복이 하나님을 경배하고 찬양하는 데 있음을 보여주는 것입니다.

그러므로 지상에서 교회를 중심으로 성도들이 주일날 예배 드리는 것은, 장차 하나님나라에서 영원히 반복할 그 행복한 예배를 연습하는 것입니다. 그러므로 예배만큼 중요한 것도 없습니다. 만약 여러분 가운데 주일 예배를 곧잘 빠지면서 기분 내키는 대로 신앙생활 하는 분이 있다면 아마 거듭난 신자가 아닐 것입니다. 그런 식으로 교회를 다닌다면 구원이 없습니다. 반대로 예배에 정성을 쏟는 분은 중생 받은 하나님의 자녀입니다.

하나님께서 이스라엘을 출애굽 시킨 목적 역시 하나님을 예배하는데에 있었습니다.

"그 후에 모세와 아론이 바로에게 가서 이르되 이스라엘의 하나님 여호와께서 이렇게 말씀하시기를 내 백성을 보내라 그러면 그들이 광야에서 내 앞에 절기를 지킬 것이니라 하셨나이다"(출 5:1)

이것은 하나님께서 우리를 구원하신 목적 역시 하나님을 예배하는 데에 있다는 것을 말해줍니다.

웨스트민스터 소요리문답에서도 사람의 목적을 다음과 같이 기록하고 있습니다.

'사람의 제일 되는 목적이 무엇인가?'

'사람이 제일 되는 목적은 하나님을 영화롭게 하는 것과 영원토록 그를 즐거워하는 것이다'

인간을 창조하신 하나님의 목적은 하나입니다.
하나님을 찬양하고 영광을 하나님께 돌리려 함에 있습니다.

"이 백성은 내가 나를 위하여 지었나니 나를 찬송하게 하려 함이니라" (사 43:21)

"이는 만물이 주에게서 나오고 주로 말미암고 주에게로 돌아감이라 그에게 영광이 세세에 있을지어다 아멘"(롬 11:36)

이스라엘 백성이 광야를 지날 때에 가다가 멈출 때마다 진 중앙에 성막을 제일 먼저 세우고 성막을 중심으로 동서남북에 각각 세 지파씩 진을 치고 생활한 것도 광야와 같은 세상을 살아갈 때 교회 중심 즉 예배 중심의 생활을 해야 한다는 것을 설명해주고 있는 것입니다.

아브라함은 어디를 가든지 재단을 쌓았습니다. 아브라함은 제사(예배)를 얼마나 중요하게 여겼던지 독자 이삭을 재단에 번제로 드리라고 할 때 자기 생명보다 귀한 독자를 잡아 제사를 드리려 했습니다. 하나님은 그 중심을 보시고 산양을 준비 하셨다가 그것으로 대신 제사를 드리게 했습니다.

창세기 22장 16절에 "네가 이같이 행하여 네 아들 네 독자를 아끼지 아니 하였은즉 내가 네게 큰 복을 주고 네 씨로 크게 성(盛)하여 하늘의 별과 같고 바닷가의 모래와 같게 하리니 네 씨가 그 대적의 문을 얻으리라"고 했습니다.

아브라함이 그곳 이름을 "여호와 이레" 라고 했는데 그 뜻은 "하나님이 준비 하셨다" 는 뜻입니다. 우리가 정성을 다하고 최선을 다하여 예배드리는 생활을 바로 하면 다른 모든 것은 하나님이 다 준비해 주시는 것입니다. 예배에 성공하면 모든 것에 성공하지만 예배 생활에 실패하면 모든 것이 실패로 돌아갑니다.

그러나 아브라함도 제사에 실패할 때가 있었습니다. 창세기 15장 10~11절에 "아브람이 그 모든 것을 취하여 그 중간을 쪼개고 그 쪼갠 것을 마주 대하여 놓고 그 새는 쪼개지 아니 하였으며 솔개가 그 사체(死體)위에 내릴때에는 아브람이 쫓았더라" 새, 즉 작은 비둘기는 얕잡아 보아서 쪼개지 않고 내장을 긁어 내지도 않고 제사를 드렸다가 하나님이 그 제사를 받지 않으셨습니다.

15장 13절에 "여호와께서 아브람에게 이르시되 너는 정녕히 알라 네 자손이 이방에서 객이 되어 그들을 섬기겠고 그들은 사백 년 동안 네 자손을 괴롭게 하리니..." 라고 하셨습니다. 결국 아브람이 제사를 잘못 드림으로 말미암아 그 후손이 사백 년 동안 애굽에 종살이 했다고 성경은 말씀하고 있습니다.

솔로몬이 정성을 다하여 일천번제를 드리는 것을 보고 하나님이 감동하셔서 꿈에 나타나 "내가 네게 무엇을 하여줄꼬" 하시며 지혜뿐 아니라 재물의 복도, 장수의 복도, 강한 군사력의 복도 다 주셨습니다. 이것도 한마디로 예배를 잘 드려서 받은 축복입니다.

창세기 13장에 보면 아브람 때문에 축복받아 부자가 된 롯은 재물에 탐심이 있어서 기름진 땅 요단들을 선택하였고 죄악이 관영한 소돔과 고모라 성에까지 들어가 살면서 부자가 되고 벼슬까지(성문에 앉음) 했지만 전혀 제사드렸다는 말이 없습니다.

결국 집과 재산이 다 불타고 롯의 처는 소금기둥이 되어 죽었고 딸 둘은 성민의 원수, 모압과 암몬의 조상이 되고 패륜자가 되었습니다. 그러나 아브라함은 어디로 가든지 "제단을 쌓고 여호와의 이름을 불렀더라"고 반복해서 기록되어 있습니다.

예배생활에 실패하면 모든 것에 실패하는 인생이 되고 크리스천이 예배생활에 승리하면 모든 일에 승리하는 것입니다. 성도가 예배를 등한히 하고 교회와 멀어지기 시작하면 일시적으로는 별 탈 없이 돈도 잘 벌고 모든 일이 잘 되는 것 같아도 결국 영육 간에 망하는 것을 볼 수 있습니다.

특별히 예배하는 곳에 부흥이 있습니다. 하나님은 예배자를 찾으십니다.

> "아버지께 참되게 예배하는 자들은 영과 진리로 예배할 때가 오나니 곧 이 때라 아버지께서는 자기에게 이렇게 예배하는 자들을 찾으시느니라 하나님은 영이시니 예배하는 자가 영과 진리로 예배할지니라"(요 4:23~24)

성경에 하나님께서 누구를 찾으신다는 것은 거의 전무합니다. 하나님을 진정으로 예배하는 자들이 얼마나 없기에 하나님이 진정으로 예배하는 자들을 찾으신다고 하실까요?

진정으로 예배하는 자들을 찾으시는 하나님의 절절한 마음이 느껴집니다.

하나님은 예배하는 자를 찾으십니다.
예배자를 애타게 찾으시고 찾아오십니다.
예배자는 하나님이 찾아오셔서 복을 주시는 사람입니다.
하나님은 우리의 소제 즉 예배를 반드시 기억하십니다

"네 모든 소제를 기억하시며 네 번제를 받아 주시기를
원하노라"(시 20:3)

또한 하나님은 예배드리는 성전(성소) 우리를 도우시며 예루
살렘 성전이 있던 시온에서 예배자를 붙드신다고 말씀하십
니다

"성소에서 너를 도와 주시고 시온에서 너를 붙드시며"(시 20:2)

예배자를 하나님은 찾아오시고 예배자를 기억하시고 도우시
고 붙드십니다

또한 예배는 하나님과 우리와의 영원한 표징(sign)입니다

"이같이 이스라엘 자손이 안식일을 지켜서 그것으로 대대로
영원한 언약을 삼을 것이니 이는 나와 이스라엘 자손 사이에
영원한 표징이며 나 여호와가 엿새 동안에 천지를 창조하고
일곱째 날에 일을 마치고 쉬었음이니라 하라"(출 31:16~17)

안식일을 지켜 예배하는 삶은 하나님과 우리 사이의 영원한
표징(sign) 표가 됩니다. 예배하는 자는 하나님이 영원히 복
을 주시고 그의 삶을 인도하시고 보호해주시는 영원한 표식
이요 표징이 되는 것입니다.

히스기야를 보십시오. 그는 예배자였습니까?
예배자가 아니었습니까?

"히스기야가 그 조상 다윗의 모든 행위와 같이 여호와 보시기에 정직히 행하여 여러 산당을 제하며 주상을 깨뜨리며 아세라 목상을 찍으며 모세가 만들었던 놋뱀을 이스라엘 자손이 이때까지 향하여 분향하므로 그것을 부수고 느후스단이라 일컬었더라 히스기야가 이스라엘 하나님 여호와를 의지하였는데 그의 전후 유다 여러 왕 중에 그러한 자가 없었으니 곧 저가 여호와께 연합하여 떠나지 아니하고 여호와께서 모세에게 명하신 계명을 지켰더라 여호와께서 저와 함께 하시매 저가 어디로 가든지 형통하였더라 저가 앗수르 왕을 배척하고 섬기지 아니하였고"(왕하 18장 3~7)

그는 예배자였습니다. 그는 우상을 섬기던 여러 산당을 제하고 주상을 깨뜨리고 아세라 목상을 찍어냈으며 놋뱀을 부수고 하나님을 예배하는 단을 회복하였습니다. 그는 예배자였습니다.

예배자였던 히스기야는 어떤 은혜를 받습니까? 그가 죽을 병에 걸려 죽게 되었을 때 하나님께서 그의 생명을 15년 연장시켜 주시는 특별한 은혜를 입습니다.

그 은혜가 어디서부터 왔습니까? 그것은 예배자를 도우시겠다는 하나님의 약속으로부터입니다.

"성소에서 너를 도와 주시고 시온에서 너를 붙드시며 네 모든 소제를 기억하시며 네 번제를 받아 주시기를 원하노라"

(시 20:2-3)

하나님은 예배자를 반드시 도우시고 붙드십니다.
예배자는 하나님이 결정적인 순간에 반드시 도우십니다.

"성소에서 너를 도와 주시고 시온에서 너를 붙드시며"(시 20:2)

예배자인 히스기야를 건곤일촉의 위기에서 도우시지 않습니까?

그런 의미에서 예배가 살아 있어야 합니다. 예배가 살아있는 교회는 반드시 부흥합니다.

"아버지께 참되게 예배하는 자들은 영과 진리로 예배할 때가 오나니 곧 이 때라 아버지께서는 자기에게 이렇게 예배하는 자들을 찾으시느니라 하나님은 영이시니 예배하는 자가 영과 진리로 예배할지니라"(요 4:23-24)

영으로 하나님을 예배하는 교회가 되어야 합니다

"그러면 어떻게 할꼬 내가 영으로 기도하고 또 마음으로 기도하며 내가 영으로 찬미하고 또 마음으로 찬미하리라"(고전 14:15)

또한 충만한 하나님의 영광의 임재가 있는 예배가 되어야 합니다.

모세가 하나님을 예배할 때 하나님의 영광의 구름이 회막을 덮고 성막에 충만하였습니다.

"그 후에 구름이 회막에 덮이고 여호와의 영광이 성막에 충만하매 모세가 회막에 들어갈 수 없었으니 이는 구름이 회막 위에 덮이고 여호와의 영광이 성막에 충만함이었으며"(출 40:34~35)

여러분은 예배 중에 하나님의 임재의 충만한 영광을 봅니까? 하나님의 임재의 충만한 영광을 보지 못하는 예배는 죽은 예배입니다. 그러한 죽은 예배에 하나님의 부흥이 있겠습니까?

하나님의 임재의 충만한 영광이 있는 예배를 사모하십시요.

그러한 살아있는 예배를 드린 모세를 하나님의 임재의 영광의 구름이 인도하십니다.

위의 말씀에 "그 후에"라는 것은 모세가 성막에서 성막 식양에 대한 하나님 말씀에 철저히 순종하고 거룩히 구별될 때, 그 이후를 말하는 것입니다.

즉, 하나님을 예배하는 장소인 성막에 대한 식양에 대하여 하나님의 말씀에 철저히 순종하고 거룩히 구별되는 예배자로 모세가 섰을 때 어떠한 역사가 일어났습니까?

"구름이 성막 위에서 떠오를 때에는 이스라엘 자손이 그 모든 행하는 길에 앞으로 발행하였고 구름이 떠오르지 않을 때에는 떠오르는 날까지 발행하지 아니하였으며 낮에는 여호와의 구름이 성막 위에 있고 밤에는 불이 그 구름 가운데 있음을 이스라엘의 온 족속이 그 모든 행하는 길에서 친히 보았더라"

(출 40장 36~38)

살아있는 예배자로 설 때, 하나님께서 그 교회를 구름의 발행으로 즉, 성령의 강력한 역사로 반드시 인도하시고 부흥케 하시는 역사가 있다는 놀라운 사실입니다.

살아있는 예배를 드린 교회는 하나님이 반드시 인도하시고 보호하시고 부흥을 주십니다.

다윗도 살아있는 예배를 드린 예배자였고 솔로몬도 살아있는 예배를 드린 예배자였습니다.

"다윗이 거기서 여호와를 위하여 제단을 쌓고 번제와 화목제를 드려 여호와께 아뢰었더니 여호와께서 하늘에서부터 번제단 위에 불을 내려 응답하시고"(대상 21:26)

"솔로몬이 기도를 마치매 불이 하늘에서부터 내려와서 그 번제물과 제물들을 사르고 여호와의 영광이 그 성전에 가득하니"(대하 7:1)

다윗과 솔로몬이 살아있는 예배를 드렸을 때 하나님의 임재의 상징인 불이 하늘로부터 내려와 예배단을 불살랐고 하나님의 영광은 성전에 가득하였습니다.

거룩이라는 히브리어는 "카도쉬"입니다. 이 단어는 그 안에 분리(separation), 구분(distinguish)의 의미를 가지고 있습니다. 그것은 거룩하게 구별하여 하나님께 예배드리지 않기 때문입니다. 구별한다는 의미는 가장 최상의 것만을 하나님께 드린다는 2차적인 의미를 가지고 있습니다.

또 하나 구약성경에서 중요한 단어인 '헤렘'은 성경에서 특히 전쟁과 관련지어 사용되었습니다. 전쟁에서 모든 탈취물은 하나님께 바칠 것을 서원했습니다(민 21:2-4). 호흡이 있는 모든 것은 죽여야 했으며(신 20:16), 가연성 물질은 태워야 했습니다(신 7:25-26). 이러한 규례가 확장되어 바쳐진 모든 물건은 제사장들의 소유가 되었습니다(레 27:21, 민 18:14, 겔 44:29). 하나님은 사울 왕에게 아말렉을 진멸하게 명하셨고(삼상 15:1-3), 여호수아에게도 모든 가나안 사람을 멸절시키는 책임을 맡기셨습니다(수 10:1, 28-40; 11:11-21).

그러나 히브리어에서 구별하는 드리는 헌신을 명사로 사용할 때도 또 '헤렘'을 씁니다. '헤렘'의 의미는 '바쳐진 것,' '헌신하다'로 번역됩니다. 파괴적 헤렘이 아니라 창조적 헤렘입니다. 레위기 27장 28절에 의하면 하나님께 바쳐진 것은 모두가 거룩하게 구별되어지는 헌신이어야 합니다.

다윗이 인구계수문제로 하나님께 매를 맞을 때 오르난의 타작마당에서 소를 잡아 제사드리려고 할 때 오르난이 소도, 밀도, 땅도 다 거져 드릴테니 어서 제사 드리라고 할 때 다윗은 얼른 거절하였습니다.

역대상 21장 24절에 "…내가 결단코 상당한 값으로 사리라…값없이는 번제를 드리지도 아니하리라…" 하고 값진 제사를 드렸더니 하늘에서 불이 내려와 응답하였고 하나님의 사자가 진노의 칼을 집어 꽂았더라고 했습니다.

역대하 3장에 예루살렘 성전 터에 대한 유래를 말씀하고 있습니다. "솔로몬이 예루살렘 모리아 산에 여호와의 전 건축하기를 시작하니 그 곳은 전에 여호와께서 그 아비 다윗에게 나타나신 곳이요 여부스 사람 오르난의 타작마당에 다윗이 정한 곳이라"(역대하 3장1절)고 했습니다.

예루살렘 성전 터는, 아브라함이 모리아 산에서 독자 이삭을 바친 곳이며, 다윗이 하나님께 징계 받을 때 값진 제사를 드린 곳입니다.

말라기 1장 7절 "너희가 더러운 떡을 나의 단에 드리고도 말하기를 우리가 어떻게 주를 더럽게 하였나이까 하는도다 이는 너희가 주의 상은 경멸히 여길 것이라 말함을 인함이니라 만군의 여호와가 이르노라 너희가 눈 먼 희생으로 드리는 것이 어찌 악하지 아니하며 저는 것, 병든 것으로 드리는 것이 어찌 악하지 아니하냐 이제 그것을 너희 총독에게 드려보라 그가 너를 기뻐하겠느냐 너를 가납하겠느냐"라고 했습니다.

사람에게 줘도 안 받을 것들, 상품 가치가 없어서 팔아먹지 못할 것들, 눈 먼 것들, 다리 저는 것들, 병든 것들을 가져오니 그것을 하나님이 받으시겠습니까? 제발 헛된 제사 드리지 않도록 성전 문을 닫았으면 좋겠다고(10절) 말씀하셨습니다. 정성과 희생이 없는 예배는 안 받으신다는 말씀입니다. 참된 예배는 영적인 예배, 진실된 마음으로 드리는 예배, 정성과 희생이 있는 예배라는 것이며, 하나님이 기쁘게 받으신다는 것입니다.

왜 우리의 예배가 능력이 없습니까? 그것은 우리가 최상의 것을 하나님께 거룩히 구별하여 하나님을 예배하지 않기 때문입니다.

주일을 거룩하게 구별하지 않고 십일조를 거룩하게 구별하지 않고 예배를 거룩하게 구별하지 않기에 하나님의 능력과 임재가 우리에게 나타나지 않습니다.

"사람이 어찌 하나님의 것을 도둑질하겠느냐 그러나 너희는 나의 것을 도둑질하고도 말하기를 우리가 어떻게 주의 것을 도둑질하였나이까 하는도다 이는 곧 십일조와 봉헌물이라. 너희 곧 온 나라가 나의 것을 도둑질하였으므로 너희가 저주를 받았느니라. 만군의 여호와가 이르노라 너희의 온전한 십일조를 창고에 들여 나의 집에 양식이 있게 하고 그것으로 나를 시험하여 내가 하늘 문을 열고 너희에게 복을 쌓을 곳이 없도록 붓지 아니하나 보라. 만군의 여호와가 이르노라 내가 너희를 위하여

메뚜기를 금하여 너희 토지 소산을 먹어 없애지 못하게 하며 너희 밭의 포도나무 열매가 기한 전에 떨어지지 않게 하리니 너희 땅이 아름다워지므로 모든 이방인들이 너희를 복되다 하리라 만군의 여호와의 말이니라"

(말 3:8~12)

십일조 역시 십일조를 거룩하게 구별하여 하나님께 드려질 때 하나님의 능력과 임재가 우리에게 나타납니다.

모세가 성막에서 성막 식양에 대한 하나님 말씀에 철저히 순종하고 거룩히 구별될 때 하나님의 영광의 구름이 성막을 덮었습니다.

"그 후에 구름이 회막에 덮이고 여호와의 영광이 성막에 충만하매"(출 40:34)

그 후라는 것은 모세가 성막에서 성막 식양에 대한 하나님 말씀에 철저히 순종하고 거룩히 구별될 때, 그 이후를 말하는 것입니다.

이것이 예수님께서 말씀하신 영과 진리로 하나님을 예배하라 하셨을 때 진리로 예배하라는 말씀의 의미입니다.

왜 우리의 예배가 능력이 없습니까?
그것은 우리가 최상의 것을 하나님께 거룩히 구별하여 하나님을 예배하지 않기 때문입니다.

주일을 거룩하게 구별하지 않고 십일조를 거룩하게 구별하지 않고 예배를 거룩하게 구별하지 않기에 하나님의 능력과 임재가 우리에게 나타나지 않습니다.

주일이 거룩하게 구별되고 십일조가 거룩하게 구별될 때 하나님의 임재와 축복이 반드시 우리에게 나타납니다.

"만일 안식일에 네 발을 금하여 내 성일에 오락을 행치 아니하고 안식일을 일컬어 즐거운 날이라, 여호와의 성일을 존귀한 날이라 하여 이를 존귀히 여기고 네 길로 행치 아니하며 네 오락을 구치 아니하며 사사로운 말을 하지 아니하면 네가 여호와의 안에서 즐거움을 얻을 것이라 내가 너를 땅의 높은 곳에 올리고, 네 조상 야곱의 업으로 기르리라 여호와의 입의 말이니라" (사 58:13~14)

"사람이 어찌 하나님의 것을 도둑질하겠느냐 그러나 너희는 나의 것을 도둑질하고도 말하기를 우리가 어떻게 주의 것을 도둑질하였나이까 하는도다 이는 곧 십일조와 봉헌물이라. 너희 곧 온 나라가 나의 것을 도둑질하였으므로 너희가 저주를 받았느니라. 만군의 여호와가 이르노라 너희의 온전한 십일조를 창고에 들여 나의 집에 양식이 있게 하고 그것으로 나를 시험하여 내가 하늘 문을 열고 너희에게 복을 쌓을 곳이 없도록 붓지 아니하나 보라" (말 3:8~10)

## 다윗의 장막이란

"이 후에 내가 돌아와서 다윗의 무너진 장막을 다시 지으며 또 그 퇴락한 것을 다시 지어 일으키리니 이는 그 남은 사람들과 내 이름으로 일컬음을 받는 모든 이방인들로 주를 찾게 하려 함이라 하셨으니"(행 15:16-17)

다윗의 장막이란 하나님께서 말세지말에 일으키시고 계시는 교회의 회복과 대부흥 운동을 말합니다. 다윗의 장막은 말세지말에 있을 놀라운 교회의 회복과 대부흥을 위해 필수적인 것 중 하나입니다. 사도행전 15장에서 말하는 다윗의 장막은 교회를 가리킵니다. 교회가 다윗의 장막이 되어야 합니다 [13]

하나님은 말세지말인 오늘날 어느 때보다 그것을 회복시키고 계십니다. 하나님의 그 일에 하나님의 열정을 가지고 계십니다.

구약시대에 있었던 다윗의 장막은 다른 성막과 달리 하나님의 언약궤가 사람들에게 노출되어 있었습니다. 그리고 그 위에 머물러 있던 하나님의 영광 또한 사람들에게 노출되어 있었습니다. 그러나 모세의 장막은 다릅니다.

모세의 성막은 일 년에 한 번 대제사장만이 지성소에 임하신 하나님의 영광앞에 설 수 있었고 하나님의 영광이 성막

---

13) 이후 http://www.vinechurch.org 포도나무교회
    홈페이지에서 갈무리

에 충만할때도 모세는 회막에 들어갈수 없었습니다.

"그 후에 구름이 회막에 덮이고 여호와의 영광이 성막에 충만하매 모세가 회막에 들어갈 수 없었으니 이는 구름이 회막 위에 덮이고 여호와의 영광이 성막에 충만함이었으며"(출 40:34~35)

그러나 다윗의 장막에는 모든 예배자가 하나님의 영광앞에 설 수 있었습니다. 그러므로 다윗의 장막의 제사는 예수님의 십자가를, 다윗의 장막은 그 후에 세워질 교회 공동체에 대한 예표라 할 수 있습니다.

그래서 다윗은 그곳에 들어가 하나님의 영광을 바라보고 하나님께 경배를 드렸습니다. 하나님의 아름다움을 바라보며, 하나님의 얼굴을 구했습니다.

"여호와여 내가 주의 계신 집과 주의 영광이 거하는 곳을 사랑하오니"(시 26:8)

"내가 여호와께 청하였던 한 가지 일 곧 그것을 구하리니 곧 나로 내 생전에 여호와의 집에 거하여 여호와의 아름다움을 앙망하며 그 전에서 사모하게 하실 것이라"(시 27:4)

무엇보다 이것이 다윗의 장막에서 이루어지는 일입니다. 그래서 사도행전 15:17도 다윗의 장막을 회복시키시는 목적을 그렇게 기록하고 있습니다. 다윗의 장막에서는 봉헌할 때 외에는 어떠한 짐승의 제사도 드려지지 않았습니다. 대신 다윗은 찬양사역자들을 세워 그들로 하여금 하루에 24시간씩 하나님의 영광을 바라보며 하나님께 경배하게 했습니다.

"또 레위 사람을 세워 여호와의 궤 앞에서 섬기며 이스라엘 하나님 여호와를 칭송하며 감사하며 찬양하게 하였으니 그 두목은 아삽이요 다음은 스가랴와 여이엘과 스미라못과 여히엘과 맛디디아와 엘리압과 브나야와 오벧에돔과 여이엘이라 비파와 수금을 타고 아삽은 제금을 힘있게 치고 제사장 브나야와 야하시엘은 항상 하나님의 언약궤 앞에서 나팔을 부니라" (대상 16:4-6)

"다윗이 아삽과 그 형제를 여호와의 언약궤 앞에 머물러 항상 그 궤 앞에서 섬기게 하되 날마다 그 일대로 하게 하였고" (대상 16:37)

다윗의 장막의 예배는 구약시대임에도 불구하고 하늘의 예배의 모형을 따라 드려진 예배였습니다.

요한계시록 4장과 5장에 보면, 우리는 하나님의 보좌 앞에서 스랍들이 하나님의 영광을 바라보며 하루 24시간 하나님께 경배하고 있는 것을 볼 수 있습니다. 또한 장로들의 한 손에는 거문고(경배를 대변)가 들려 있었고, 다른 한 손에는 금대접(기도를 대변)이 들여 있었습니다(계 5:8).

그러므로 우리는 다윗의 장막을 통해 요한계시록에 나오는 것과 같은 신령과 진정으로 드리는 경배를 드리기 힘쓰고,

경배와 중보기도가 어울어진 예배를 드리기를 추구합니다. 여기에는 참으로 놀라운 기쁨의 요소가 있습니다. 하나님의 영광을 바라보며, 그분의 임재 가운데서 드리는 경배와 중보기도에 하나님께서 놀라운 기쁨을 부어주십니다.

"너희는 여호와께 감사하며 그 이름을 불러 아뢰며 그 행사를 만민 중에 알게 할찌어다. 그에게 노래하며 그를 찬양하며 그 모든 기사를 말할찌어다 그 성호를 자랑하라 무릇 여호와를 구하는 자는 마음이 즐거울찌로다. 여호와와 그 능력을 구할찌어다 그 얼굴을 항상 구할찌어다"(대상 16:8-11)

"존귀와 위엄이 그 앞에 있으며 능력과 즐거움이 그 처소에 있도다"(대상 16:27)

다윗의 장막에서는 또한 예언이 기도와 어울어졌습니다.

"다윗이 군대 장관들로 더불어 아삽과 헤만과 여두둔의 자손 중에서 구별하여 섬기게 하되 수금과 비파와 제금을 잡아 신령한 노래를 하게 하였으니 그 직무대로 일하는 자의 수효가 이러하니라. 아삽의 아들 중 삭굴과 요셉과 느다냐와 아사렐라니 이 아삽의 아들들이 아삽의 수하에 속하여 왕의 명령을 좇아 신령한 노래를 하며 여두둔에게 이르러는 그 아들 그달리야와 스리와 여사야와 하사뱌와 맛디디야 여섯 사람이니 그 아비 여두둔의 수하에 속하여 수금을 잡아 신령한 노래를 하며 여호와께 감사하며 찬양하며"
(대상 25:1-3)

여기 우리말 성경에 신령한 노래라는 말은 예언했다는 말입니다. 그래서 영어 NIV 성경은 그렇게 번역하고 있습니다. 우리는 다윗의 장막을 통해 성령께 민감하기를 추구합니다. 그래서 성령의 인도하심을 따라 다양한 주제로 다양한 지역을 위해 기도합니다.

다윗의 장막의 중보기도는 온 세계에 미치는 하나님 나라의 확장을 위해 필수적인 것입니다. 그것은 우리가 사는 지역과 나라를 위한 영적인 분위기를 바꿀 것이며, 따라서 복음을 위해 마음들이 준비될 것입니다.

"내가 그를 나의 성산으로 인도하여 기도하는 내 집에서 그들을 기쁘게 할 것이며 그들의 번제와 희생은 나의 단에서 기꺼이 받게 되리니 이는 내 집은 만민의 기도하는 집이라 일컬음이 될 것임이라. 이스라엘의 쫓겨난 자를 모으는 주 여호와가 말하노니 내가 이미 모은 본 백성 외에 또 모아 그에게 속하게 하리라 하셨느니라" (사 56:7-8)

"그 날에 내가 다윗의 무너진 천막을 일으키고 그 틈을 막으며 그 퇴락한 것을 일으켜서 옛적과 같이 세우고 저희로 에돔의 남은 자와 내 이름으로 일컫는 만국을 기업으로 얻게 하리라 이는 이를 행하시는 여호와의 말씀이니라"(암 9:11-12)

# ※ 진단 점검 사항 ※

❶ 목회자 본인은, 본인이 예배자라고 생각합니까?

❷ 교인들이 예배시간을 철저히 잘 지키고 있습니까?

❸ 주일예배 외에 다른 공예배에 교인들은 출석률은 좋습니까?

❹ 예배의 형식이 다양하게 이루어지고 있습니까?

　예를 들면 수요성경공부예배, 새벽기도회, 금요찬양예배, 사순

　절예배, 추수감사예배 등

❺ 특별 부흥집회가 정기적으로 이루어지고 있습니까?

❻ 교인들이 예배시간을 사모합니까?

❼ 예배후에 충만한 하나님의 영광을 자주 봅니까?

❽ 교인들이 주일성수와 예배성수를 목숨같이 생각합니까?

❾ 목회자 자신이 예배 순서와 예배 내용의 혁신을 위하여

　노력하십니까?

❿ 목회자 본인은 본인의 삶에서도 당신은 예배자입니까?

"하나님께서는
기쁨에 사로잡혀서 찬양하고 송축하며
예배하는 영혼들을 통해 자신을 일을 하신다.
따라서 예배자가 해낸 일은 영원하다"
(토저)

# 부흥의 파도

# 제 6원리

## 당신의 교회의 부흥을 원하십니까?
## 당신의 교회의 소그룹을 점검하십시요

소그룹이란 무엇입니까? 왜 소그룹이 중요합니까? 소그룹은 다름 아닌 성령이 임재하시는 강력한 통로이기 때문입니다.

> "두세 사람이 내 이름으로 모인 곳에는 나도 그들 중에 있느니라"(마 18:20)

소그룹은 위와 같이 하나님이 임재하시는 성령이 임재하시는 강력한 통로입니다.

사실 교회라는 단어 의미도 소그룹이라는 의미를 담고 있습니다. 헬라어로 교회는 '에클레시아'라고 합니다.

즉, "에크"(밖으로)+"칼레오"(불러내다)의 합성어입니다. 바로 교회는 세상에서 밖으로 불러내어진 공동체요 소그룹입니다. 교회는 건물이 아닙니다. 소그룹이 성경이 말하는 근원적인 교회의 모델인 것을 우리는 기억해야 합니다

"너희는 사도들과 선지자들의 터 위에 세우심을 입은 자라 그리스도 예수께서 친히 모퉁잇돌이 되셨느니라 그의 안에서 건물마다 서로 연결하여 주 안에서 성전이 되어 가고 너희도 성령 안에서 하나님이 거하실 처소가 되기 위하여 그리스도 예수 안에서 함께 지어져 가느니라" (엡 2:20~22)

소그룹의 모퉁잇돌은 예수 그리스도이십니다. 교회의 영어단어인 church는 그 어원이 주님에게 속한다는 뜻을 지닌 헬라어 '퀴리아코스'에서 유래되었습니다. 교회란 소그룹의 모퉁잇돌은 바로 예수 그리스도이십니다.

그 안에서 성도들은 연결되어 소그룹이라는 성전을 만들며 하나님이 거하시고 임재하시는 강력한 처소요 통로가 되어 가는 것입니다. 소그룹은 예수 그리스도가 계시고 하나님이 거하시며 성령이 강력히 임재하시는 통로인 것입니다.

그렇기에 소그룹에 대한 이해가 없이는 전혀 교회를 이해하지 못하는 사람이며 교회의 부흥을 그런 사람에게 기대하는 것은 요원한 일인 것입니다.

## 다락방(소그룹)의 중요성

사랑의교회 옥한흠 목사님은 그의 설교에서 소그룹의 중요성에 대하여 이렇게 강조합니다 14)

"대중예배는 그 중요성 만큼이나 다음과 같은 약점을 지니고 있습니다.

⑴ 대중예배는 옆에 앉은 형제들과 더불어 말씀과 은혜를 친밀하게 나눌 수 없습니다. 거룩하신 하나님과 나와의 종적인 관계에서는 서로 은혜를 주고 받을 수 있지만, 옆에 앉은 형제들과의 횡적인 교제에서는 마음이 단절되기 쉽습니다.

⑵ 대중예배를 드리는 많은 사람들의 마음 속에는 영적인 불만이 생길 수 있습니다. 예배를 드리면서 마음 속에 있는 공허감이 채워지지 않기 때문입니다. 나중에는 이 불만이 문제의 씨앗으로까지 발전할 수 있습니다.

그러나 다락방(소그룹)에 가면 이런 약점이 해소됩니다.

---

14) 이후 옥한흠 목사 설교 중에서 인용

⑴ 고독감이 사라집니다. 7~8명의 형제들과 함께 머리를 맞대고 공부하다 보면 가슴이 뜨거워지기도 하고, 성령을 통해 깨달은 은혜를 나누다 보면 형제의 말을 통해 하나님의 음성을 듣기도 합니다. 이렇게 서로 은혜를 주고 받다 보면 '나만 갖고 있는 문제가 아니구나. 다들 비슷한 문제를 가슴에 안고 고민하고 있었구나' 라는 생각에 마음 속에 있던 빈 공간이 채워지게 됩니다.

설교를 통해서 채워지지 않던 영혼의 빈 자리가 평범한 한 형제의 은혜로운 나눔을 통해 채워지는 것입니다. 비록 내가 깨달은 하나님의 말씀이 보잘 것 없이 보여도 그것을 다른 형제와 나누면 내 마음에 있는 공간이 채워지는 것을 경험하게 됩니다. 그래서 함께 앉아 있는 형제들이 서로를 경험하게 됩니다.

⑵ 그리스도를 가장 충만한 방법으로 체험하게 됩니다. 멀게만 느껴지던 주님이 비로소 내 곁에 계신 주님으로 자리잡게 됩니다. 초월적인 하나님이 아니라 내 안에 계시는 내재적인 하나님으로 체험하는 것입니다.

다락방(소그룹) 모임의 목적은 성경공부가 아닙니다. 말씀을 나눔으로 함께 예수님을 배우고 닮아가며 하나님의 마음에 드는 사람이 되는 것입니다. 그리고 하나님의 마음에 드는 삶을 살고자 몸부림치는 것입니다. 그래서 다락방에 들어가면 얼마 안 되서 사람이 변화됩니다. 성격과 생각이 바뀌어집니다.

본문은 다락방이 주는 은혜를 한 가지 지적하고 있습니다.

> "그리스도의 말씀이 너희 속에 풍성히 거하여 모든 지혜로 피차 가르치며 권면하고"(골 3:16)

이런 분위기에서는 선생과 학생이 따로 없습니다. 서로가 선생이 되고 학생이 되는 것입니다. 권위 있는 현대성경 번역본에 의하면 '너희는 모든 지혜로 피차 가르치고 권면하면서 그리스도의 말씀이 너희 속에 풍성히 거하게 하라.'고 번역합니다. 여기서는 말씀을 가르치고 권면하는 것이 우선적인 순서가 됩니다. 이를 통해 그리스도의 말씀이 우리 속에 풍성히 거하도록 하라는 것입니다.

다락방은 성경공부가 목적이 아닙니다. 성경공부는 수단일 뿐입니다. 다락방 모임의 목적은 말씀을 나눔으로 함께 예수님을 배우고 닮아가며 하나님의 마음에 드는 사람이 되는 것입니다. 그리고 하나님의 마음에 드는 삶을 살고자 몸부림치기 위한 것입니다.

우리가 말씀을 배우는 목적은 머리로 배우는 것으로 끝나지 않습니다. 그 말씀을 가지고 어떻게 삶에 적용할 수 있을까를 고민합니다.

그래서 자신의 문제를 내어놓고 말씀에 비추어 질문하기도 하고, 또 같은 고민을 안고 있는 형제들의 이야기를 들으면서 어떻게 하든 말씀을 삶에 적용하려고 합니다. 그리고 분명하게 어떤 깨달음이 오면 나도 그 말씀대로 실천하겠다는 결단을 내립니다. 마지막으로 함께 손잡고 기도합니다. '주여, 우리를 도와주시옵소서.'

그러면 주님께서 그들 각자에게 깨달은 말씀을 삶에 적용하고 순종할 수 있는 강한 사람이 되도록 은혜를 넘치도록 부어주시는 것을 체험하는 것입니다. 이것이 다락방입니다.

그러므로 다락방에 들어가면 얼마 안 되서 사람이 변화됩니다. 성격과 생각이 바뀌어집니다. 이것이 다락방이 주는 은혜입니다. 그러므로 다락방 모임은 가도 좋고, 안가도 좋은 취미생활과 같은 것이 아닙니다. 신앙생활을 똑바로 하고 싶은 사람이라면 어떻게 해서든지 시간을 내어 참석해야 되는 것입니다.

아직도 신앙생활에 대해서 기쁨과 만족을 느끼지 못합니까? 아무리 하나님의 말씀을 배우고 들어도 말씀이 마음에 자리잡지 못합니까? 그렇다면 주일 예배에 나와 말씀 듣는 것을 절대로 포기하지 마십시오. 동시에 다락방에 가서 나와 비슷한 분들의 이야기를 들으십시오. 그곳에 하나님의 음성이 있습니다. 나를 변화시키는 역사가 있습니다"

조용기 목사는 1981년에 출판한 『성공적인 구역』(Successful Home Cell Group)이라는 책에서 사도행전 2장을 근거로 초대교회에는 두 가지의 모임이 존재했다고 지적하였습니다. 곧 성전에서의 모임과 떡을 떼며 교제하는 가정모임이 그것입니다.

그는 같은 책에서 교회가 시작된 오순절날에만 3,000명이 세례를 받아 신자가 되었는데 이렇게 급성장하는 초대교회에서 12명의 사도들만으로 충분한 목회적 돌봄을 제공한다는 것은 불가능했으며, 소그룹 가정모임의 리더들이 그 공백을 메웠다고 주장합니다.

이러한 조용기 목사의 주장은 지금까지도 다양한 소그룹 목회 프로그램의 성경적 근거로 반복적으로 지적되고 있는데, 소그룹 모임이 목회의 중요한 바퀴가 되어야 한다는 주장의 역사적 뿌리가 되고 있습니다

그렇습니다. 무엇보다 소그룹이 중요한 이유는 대형화 되어지는 현대교회 속에서는 성도들이 충분한 목회적 돌봄을 경험할 수가 없습니다.

특별히 500명 이상의 중형교회에서는 성도 개개인의 영적인 필요를 목회자가 홀로 파악하기는 불가능합니다.

그러한 교회에 와서 성도들이 소속감(sense of belonging)
과 친밀감(intimacy)을 경험하며 성령의 강력한 임재를 경험
하는 곳은 바로 소그룹입니다

그런 의미에서 소그룹의 리더는 목자의 역할을 감당하는 자
여야 합니다. 소그룹원들의 영적 필요를 알고 그들을 위해
말씀을 공급하고 기도해줄수 있는 자이어야만 합니다

"나는 선한 목자라 나는 내 양을 알고 양도 나를 아는 것이
아버지께서 나를 아시고 내가 아버지를 아는 것 같으니 나는 양을
위하여 목숨을 버리노라 또 이 우리에 들지 아니한 다른 양들이
내게 있어 내가 인도하여야 할 터이니 그들도 내 음성을 듣고 한
무리가 되어 한 목자에게 있으리라"(요 10:14~16)

소그룹의 리더는 선한 목자의 역할을 감당하는 자여야
합니다

"여러분은 자기를 위하여 또는 온 양 떼를 위하여 삼가라 성령이
그들 가운데 여러분을 감독자로 삼고 하나님이 자기 피로 사신
교회를 보살피게 하셨느니라 내가 떠난 후에 사나운 이리가
여러분에게 들어와서 그 양 떼를 아끼지 아니하며 또한 여러분
중에서도 제자들을 끌어 자기를 따르게 하려고 어그러진 길을
하는 사람들이 일어날 줄을 내가 아노라 그러므로 여러분이
일깨어 내가 삼 년이나 밤낮 쉬지 않고 눈물로 각 사람을
훈계하던 것을 기억하라 지금 내가 여러분을 주와 및 그 은혜의
말씀에 부탁하노니 그 말씀이 여러분을 능히 든든히 세우사
거룩하게 하심을 입은 모든 자 가운데 기업이 있게 하시리라"

썩어가는 나무는 그 가지에 영양분이 공급되어지지 않아 가지는 석화되어 말라가고 썩어갑니다. 건강하지 못한 교회는 곁가지로 흩어진 수많은 소그룹의 가지들이 석화되어 썩어가고 말라가는 교회입니다.

나무에 과실이 맺히는 곳은 나무의 몸통이 아니라 곁가지로 흩어진 수많은 가지들입니다.

건강하고 부흥하는 교회는 곁가지로 흩어진 수많은 소그룹에서 성령의 아름다운 과실과 열매가 맺히는 교회인 것입니다.

"내가 참 포도나무요 내 아버지는 그 농부라 무릇 내게 있어 과실을 맺지 아니하는 가지는 아버지께서 이를 제해 버리시고 무릇 과실을 맺는 가지는 더 과실을 맺게 하려 하여 이를 깨끗케 하시느니라 너희는 내가 일러 준 말로 이미 깨끗하였으니 내 안에 거하라 나도 너희 안에 거하리라 가지가 포도나무에 붙어 있지 아니하면 절로 과실을 맺을 수 없음같이 너희도 내 안에 있지 아니하면 그러하리라 나는 포도나무요 너희는 가지니 저가 내 안에 내가 저 안에 있으면 이 사람은 과실을 많이 맺나니 나를 떠나서는 너희가 아무 것도 할 수 없음이라 사람이 내 안에 거하지 아니하면 가지처럼 밖에 버리워 말라지나니 사람들이 이것을 모아다가 불에 던져 사르느니라"(요 15:1~6)

# 소그룹의 장점 3가지

감리교 목회자인 이한진 목사는 아래와 같이 소그룹 운동의 장점을 3가지로 강조합니다.

먼지 그가 지적하는 소그룹의 장점의 3가지 중 첫번째는 인격적 상호작용입니다. 대형집회보다는 소그룹이 사람들 사이의 인격적 유대관계를 형성하는 데 유리합니다. 참석자들이 소속감을 느끼고, 그리스도인의 형제애와 따뜻한 마음을 맛볼 수 있는 곳은 대형 집회가 아니라 소그룹 현장입니다. 마음속 깊이 자리한 상처와 아픔을 대중 앞에서는 고백하기 어렵지만, 각자의 처지를 모두 알고 있는 소그룹 안에서는 자신의 이야기를 솔직히 털어놓을 수가 있습니다.

둘째는 교육적 효과입니다. 대형집회에서 가능한 일방적인 지식의 전달 외에도, 소그룹에서는 멘토링과 상호 모방이 가능합니다. 멘토링이란 피교육자의 학습 정도에 따라 적절한 지도를 해주는 것인데, 소그룹 환경은 참석자들의 영적 상태를 보다 쉽게 파악하여 그에 맞는 조언을 줄 수가 있습니다. 아울러, 소그룹에서는 다른 이들의 행동이나 삶을 가까운 거리에서 확인할 수 있기에 상호 모방을 통한 학습도 가능합니다.

셋째는 현대사회와의 적합성입니다. 현대 사회는 권위주의가 해체되고 개인주의가 만연하여, 권위 있는 소수의 주장보다는 각자의 경험에서 나오는 대중의 의견이 중요해진 다원주의 사회입니다. 그런데 소그룹 형태는 참석자들이 자신의 경험이나 의견을 자유롭게 피력할 수 있는 공간을 확보함으로써, 현대인들에게 보다 적극적인 참여를 유도할 수 있습니다. 현대 사회에서 소그룹에 대한 관심과 중요성이 급증하는 이유도 이와 같은 사회적 배경에서 찾아볼 수 있습니다.

물론 이한진 목사는 소그룹의 단점에 대하여 로버트 우스나우(Robert Wuthnow)의 말을 인용하면서 로버트 우스나우(Robert Wuthnow)는 얼굴과 얼굴을 마주하는 소그룹 안에서는 "당신의 의견/감정이 틀렸소."라고 직접적으로 이야기하는 데 어려움이 있다는 점을 지적하면서

> 소그룹 안에 존재하는 이러한 위험성을 '무엇이든 괜찮아 영성'(anything-goes spirituality)이라고 지적하며 동시에 렐리 스탁스틸(Larry Stockstill)도 역시 신학교육을 받지 못한 평신도들이 소그룹을 인도하다보면 '검증되지 않은 가르침'(unapproved teaching)이 전파될 가능성이 존재한다고 지적하였음을 상기시킵니다.

또한 그는 '전적 타락'으로 대표되는 부정적인 인간론을 가지고 있는 개혁교회가 소그룹 목회에 대한 전통이 강하지 않은데, 종교개혁자 존 칼뱅이 재세례파의 가정모임을 인정하지 않았던 이유 역시 '검증되지 않은 가르침'에 대한 위험성 때문이라고 주장합니다.

그럼에도 불구하고 왜 소그룹이 중요합니까? 소그룹은 다름
아닌 성령이 임재하시는 강력한 통로이기 때문입니다.

> "두세 사람이 내 이름으로 모인 곳에는
> 나도 그들 중에 있느니라" (마 18:20)

성도들이 교회에 와서 성도들이 소속감(sense of belonging)
과 친밀감(intimacy)을 경험하며 성령의 강력한 임재를 경험
하는 곳은 바로 소그룹입니다

이 소그룹 내에선 강력한 회개의 영이 임하여 서로 자신의
죄도 고백하며 소그룹 내의 성령의 강력한 임재로 병도 회
복되는 놀라운 역사들이 일어나는 것입니다.

> "그러므로 너희 죄를 서로 고백하며 병이 낫기를 위하여 서로
> 기도하라 의인의 간구는 역사하는 힘이 큼이니라"(약 5:16)

> "지존무상하며 영원히 거하며 거룩하다 이름하는 자가 이같이
> 말씀하시되 내가 높고 거룩한 곳에 거하며 또한 통회하고 마음이
> 겸손한 자와 함께 거하나니 이는 겸손한 자의 영을 소성케 하며
> 통회하는 자의 마음을 소성케 하려 함이라"(사 57:15)

부흥하는 교회는 곁가지로 흩어진 수많은 소그룹에서 소그
룹에 임하시는 성령의 강력한 임재로 성령의 아름다운 과실
과 열매가 맺히는 교회인 것입니다.

소그룹은 단순히 모임이 아닙니다.
소그룹은 바로 성경이 말하는 교회의 근원적 모델입니다.
소그룹의 풍성함과 기름부음과 아름다움을 시편기자는 뭐라고 고백합니까?

> "보라 형제가 연합하여 동거함이 어찌 그리 선하고 아름다운고
> 머리에 있는 보배로운 기름이 수염 곧 아론의 수염에 흘러서 그의
> 옷깃까지 내림 같고 헐몬의 이슬이 시온의 산들에 내림 같도다
> 거기서 여호와께서 복을 명령하셨나니 곧 영생이로다"
> (시 133:1~3)

'믿는 무리가 이 세상에서 하나님의 말씀과 성례전을 중심으로 눈으로 보이게 모일 수 있다는 것은 하나님의 은총입니다. 다른 그리스도인이 몸으로 옆에 함께 있다는 것이 신자에게는 비할 수 없는 기쁨과 힘의 원천입니다 성찬을 받는 날은 그리스도인의 사귐에서 즐거움의 날입니다.

마음으로 하나님과 그리고 형제와 화해함으로써 성도의 모임은 예수 그리스도의 살과 피를 선물로 받습니다. 그와 동시에 사죄와 새 생명과 구원을 받습니다.

거룩한 성찬의 사귐은 그리스도인의 사귐을 다 이루는 것입니다. 성도의 모임에 속한 사람들은 주의 식탁에서 몸과 피로 하나가 되듯, 영원히 나누이지 않고 함께 있는 것입니다. 이로써 사귐은 목적지에 다다르게 됩니다.

이로써 그리스도와 그의 교회에서 누리는 기쁨은 절정에 다다르게 됩니다. 말씀 아래서 함께 사는 그리스도인의 삶은 성례전으로 완성됩니다.' (본회퍼)

# ※ 진단 점검 사항 ※

❶ 교회에 다양한 소그룹이 존재합니까?

❷ 교인들이 소그룹에서 친밀감을 경험하고 있습니까?

❸ 교인들이 소그룹에서 소속감을 경험하고 있습니까?

❹ 교인들이 소그룹에서 자신의 죄를 잘 오픈하고 서로
기도하고 위로받습니까?

❺ 교인들이 소그룹에서 자신을 잘 오픈하는 편입니까?

❻ 교인들이 소그룹에서 말씀 나눔과 영성훈련, 양육훈련
이 잘 되어지고 있습니까?

❼ 교인들이 소그룹리더를 자랑하고 본인의 소그룹을 자랑
하고 있습니까?

❽ 소그룹에서 서로를 위한 중보기도가 잘되어지고
있습니까?

❾ 교인들이 소그룹에서 소속감을 경험하고 있습니까?

❿ 교회의 소그룹의 리더들이 철저히 헌신적이고
충성적입니까?

"믿는 무리가 이 세상에서 하나님의 말씀과 성례전을 중심으로 눈으로 보이게 모일 수 있다는 것은 하나님의 은총입니다.

다른 그리스도인이 몸으로 옆에 함께 있다는 것이 신자에게는 비할 수 없는 기쁨과 힘의 원천입니다" (본회퍼)

# 부흥의 파도

# 제 7원리

당신의 교회의 부흥을 원하십니까?
당신의 교회의 교역자론을 점검하십시오

교역자는 엄연히 그리스도께서 그의 교회에 허락하신 직분
입니다.

"그가 혹은 사도로, 혹은 선지자로, 혹은 목사와 교사를 주셨으니
이는 성도들을 온전케 하며, 봉사의 일을 하게 하며, 그리스도의
몸을 세우려 하심이라"(엡 4:11~12)

"여러분은 자기를 위하여 또는 온 양 떼를 위하여 삼가라 성령이 그들 가운데 여러분을 감독자로 삼고 하나님이 자기 피로 사신 교회를 보살피게 하셨느니라"(행 20:28-32)

칼빈은 성직의 중요성에 대해 논하면서 교역자 제도를 교회에서 교인들을 하나로 규합시키는 중요한 열쇠로, 교회를 보호하는 역할로, 주님 자신이 현림하시는 제도로 보고 있습니다. 그러므로 성직 자체를 반대하는 행위는 용납할 수 없다고 봤습니다[15]

민수기 12장을 1절을 보면 미리암과 아론이 모세가 이방여인 구스를 취하는 문제로 모세를 비방합니다. "모세가 구스 여자를 취하였더니 그 구스 여자를 취하였으므로 미리암과 아론이 모세를 비방하나라"라고 말합니다.

아마 모세는 십보라와 사별 이후 구스 여자를 취한 듯 합니다. 이방 여자를 취한 이 문제에 대하여 미리암과 아론은 하나님이 세우신 리더에 대하여 비방을 하게됩니다. 이러한 모세의 권위에 대한 도전은 하나님의 세우신 권위에 대한 도전이었습니다.

민수기 12장 2절에서 하나님께서는 이 말을 들으셨습니다

"그들이 이르되 여호와께서 모세와만 말씀하셨느냐 우리와도

---

15) 이후 칼빈 글은 "평신도를 깨운다"(옥한흠, 국제제자훈련원)에서 인용

말씀하지 아니하셨느냐 하매 여호와께서 이 말을 들으셨더라"

이것은 결국 미리암과 아론이 하나님이 세우신 모세의 리더십에 도전한 것 일뿐 아니라 더 나아가 모세를 세우신 하나님의 리더십에 도전하는 사건이었던 것입니다.

그들은 결과적으로 어떻게 되었습니까? 일을 주동한 것으로 보여지는 미리암에게는 나병이 발발하게 됩니다. 더욱이 민수기 20장 1절에서는 미리암의 죽음을 합니다.

"첫째 달에 이스라엘 자손 곧 온 회중이 신 광야에 이르러 백성이 가데스에 이르더니 미리암이 거기서 죽으매 거기에 장사되니라"

민수기 20장의 마지막 구절인 29절은 미리암의 죽음이 얼마 지나지 않은 시점에서의 모세의 형 아론의 죽음을 또 다시 보도합니다. 하나님이 세우신 리더의 권위에 도전함으로 미리암과 아론이 세상을 떠났고 두 사람은 약속의 땅을 밟지 못하고 불귀의 객이 된 것입니다.

두 사람의 하나님이 세우신 모세의 권위에 대한 거역으로 하나님의 심판을 받게 된 것입니다. 권위에 대한 거역은 결국 자신의 인생을 무너뜨리는 무서운 범죄인 것을 우리는 반드시 기억해야 합니다.

모든 권위는 하나님이 세우신 것입니다.

"각 사람은 위에 있는 권세들에게 복종하라 권세는
하나님으로부터 나지 않음이 없나니 모든 권세는 다 하나님께서
정하신 바라 그러므로 권세를 거스르는 자는 하나님의 명을
거스름이니 거스르는 자들은 심판을 자취하리라"(롬 13:1~2)

하나님이 세우신 권위를 거스리는 것은 하나님의 명을 거스르는 것입니다. 그러한 자에게는 심판이 있다고 성경은 말합니다.

하나님은 권위를 보호하는 일에 아주 민감하고 관심이 많습니다. 인간의 권위에 대한 도전은 그 권위를 허락하신 하나님과 닿아있기 때문입니다.

결국, 인간권위에 대한 불순종과 거부는 마침내 하나님에 대한 거부와 반항으로 이어지기 때문에 하나님은 그 권위와의 관계를 어떻게 다루느냐를 유심히 보시는 것입니다.

많은 사람들이 교역자를 비판하거나 판단하며 교역자를 폄하하거나 깍아내리는 일을 서슴치 않습니다. 그러나 매우 분명한 사실은 미리암과 아론의 모세에 대한 비방을 들으셨던 하나님은 지금도 그러한 말들을 분명히 듣고 계신다는 사실입니다.

"그들이 이르되 여호와께서 모세와만 말씀하셨느냐 우리와도
말씀하지 아니하셨느냐 하매 여호와께서 이 말을 들으셨더라"

(민 12:2)

이러한 일들은 하나님이 기뻐하시는 자세가 아님을 우리는 알아야 할뿐더러 하나님의 심판을 자취하는 일임을 분명히 알어야 합니다.

하나님이 기름부으신 자는 하나님이 심판하시고 판단하신다는 사실을 잊어서는 안됩니다

삼상 22장에서 사울을 보십시오 그는 하나남의 기름부은 자인 제사장들을 잔인하게 학살합니다. 사울은 놉에서 아히멜렉과 제사장 85명을 잔인하게 칼로 학살을 단행합니다. 하나님께서 기름부어 세운 제사장들에 대하여 사울은 전혀 거리낌없이 그들을 살인합니다

그러나 다윗은 어떻습니까? 다윗은 하나님이 기름부은 자는 자신은 건드릴수 없으며 그것은 하나님의 영역임을 고백합니다.

"다윗이 아비새에게 이르되 죽이지 말라 누구든지 손을 들어 여호와의 기름 부음 받은 자를 치면 죄가 없겠느냐 하고"(사무엘상 26:9)

성경은 다윗은 우리아의 사건 외에는 하나님의 마음에 합하지 않은 일이 하나도 없었다고 말씀합니다.

하나님의 기름부은 자인 사울이 비록 악한 왕이었을찌라도

하나님의 기름부은 자이기에 그를 칠수 없고 그 영역은 하나님의 영역임을 고백하였던 다윗, 이것 역시 하나님의 합한 것이었습니다. 이것이 바로 하나님의 마음이었던 것입니다.

"이는 다윗이 헷 사람 우리아의 일 외에는 평생에 여호와 보시기에 정직히 행하고 자기에게 명하신 모든 일을 어기지 아니하였음이라"(왕상 15:5)

"다윗을 왕으로 세우시고 증거하여 가라사대 내가 이새의 아들 다윗을 만나니 내 마음에 합한 사람이라 내 뜻을 다 이루게 하리라 하시더니"(행 13:22)

하나님의 기름부은 자를 선대하고 그들에게 순종하는 것, 이것 역시 하나님의 마음을 기쁘시게 하는 것임을 우리는 반드시 기억해야 합니다.

유다의 가장 악하고 패역한 왕이었던 므낫세 왕은 하나님의 기름부음을 받은 선지자의 말은 듣지 않고 점치는 자들, 무당들의 말을 듣고 그들을 신뢰하며 그들의 조언을 듣고 정치를 하였습니다. 바르게 고언하는 선지자들을 죽였습니다. 전승에 의하며 므낫세에 의해 이사야 선지자가 톱으로 켜 죽임을 당했다고 합니다. 이러한 악행에 대하여 므낫세에 대한 하나님의 평가는 어떻습니까?

"므낫세가 여호와 보시기에 악을 행하여"(왕하 21:2)

많은 사람들이 하나님의 기름부은 교역자를 비판하거나 판단하며 교역자를 폄하하거나 깎아내리는 일을 공연히 행하고 만인제사장설을 주장하며 교역자를 심판대위에 올려놓습니다.

그러나 하나님은 지금도 그러한 말들을 분명히 듣고 계실뿐만 아니라 그러한 자를 반드시 심판하시고 하나님이 기뻐하시지 않는 다는 사실입니다.

그러면 교역자에게는 평신도와 다른 권위가 전혀 없습니까? 절대 그렇지 않습니다. 교역자에게는 평신도에게는 없는 사역상의 권위가 있습니다. 모든 평신도가 다 목사일 수 없다. 루터가 말한 대로 목사의 일에는 어떤 구별이 분명히 존재하는 것입니다.

칼빈은 그와 같은 권위를 섬김의 차원에서 '불편한 권위'라고 표현했습니다, 왜냐하면 그것은 높아지는 권위라기 보다 오히려 속박 당하는 권위이기 때문입니다.

다시 말하면 목사가 하나님이 아니라는 말입니다. 그럼에도 불구하고 함부로 취급하면 안되는 신성한 권위입니다.

"너희 중에는 그렇지 아니하니 너희 중에 누구든지 크고자 하는 자는 너희를 섬기는 자가 되고 너희 중에 누구든지 으뜸이 되고자 하는 자는 모든 사람의 종이 되어야 하리라"
(막10:43~44)

'예수님은 사귐에 있는 모든 권위는 형제를 섬기는 데 있다고 하셨습니다. 진정으로 영적인 권위는 듣는 섬김, 돕는 섬김, 남의 짐을 지는 섬김, 그리고 선교하는 섬김이 이루어지는 데 있을 뿐입니다.

섬기는 참다운 권위는 너무나 초라하게 보입니다. 신약성서에서 설명하는 감독(딤전3:1이하)은 인간의 재질에서 나타나는 마력에 대해서나 영적인 인물의 빛나는 성품에 대해서는 한 마디도 하지 않습니다.

감독은 소박한 사람, 신앙과 생활이 건전하고 참된 사람으로서 성도의 사귐을 바르게 섬기는 사람입니다. 그의 권위는 섬기는 책임을 완수하는 데 있습니다.

사람 자체에 대해서는 하나도 찬양할 것이 없다는 것입니다. 성도의 모임에는 뛰어난 인물이 필요한 것이 아니라, 예수와 형제들을 참으로 섬기는 사람이 필요합니다.

자기 자신의 권위를 세우려고 애쓰는 것이 아니라, 말씀의 권위 아래에 굴복해서 형제들 중의 하나가 된 사람만이 그런 권위를 인정받는 것입니다'(본회퍼, 성도의 공동생활)

교역자는 역시 자신이 하나님이 자신과 함께 하시는 권위를 보여주는 자발적 영적 권위를 보여주어야 합니다.

모세는 시내산에서 하나님께로부터 십계명을 받을 때 하나님과 함께 하심의 표징으로 그의 얼굴 꺼풀에서 광채가 나서 많은 사람들이 그에게 가까이 가기를 두려워하였습니다.

"모세가 여호와와 함께 사십 일 사십 야를 거기 있으면서 떡도 먹지 아니하였고 물도 마시지 아니하였으며 여호와께서는 언약의 말씀 곧 십계를 그 판들에 기록하셨더라. 모세가 그 증거의 두 판을 자기 손에 들고 시내 산에서 내려오니 그 산에서 내려올 때에 모세는 자기가 여호와와 말씀하였음을 인하여 얼굴 꺼풀에 광채가 나나 깨닫지 못하였더라 아론과 온 이스라엘 자손이 모세를 볼 때에 모세의 얼굴 꺼풀에 광채 남을 보고 그에게 가까이 하기를 두려워하더니"(출 34:28~30)

다윗에게도 역시 하나님이 그와 함께 하시는 분명한 표징이 있었습니다.

다윗은 하나님께서 항상 함께하시는 자발적 영적 권위로 더욱 강성하여 갑니다.

"만군의 하나님 여호와께서 함께 계시니 다윗이 점점 강성하여 가니라"(삼하 5:10)

다윗의 대적자 사울 역시 다윗과 하나님이 함께 하시는 영적 권위를 봅니다.

"여호와께서 다윗과 함께 계심을 사울이 보고 알았고 사울의 딸 미갈도 그를 사랑하므로"(삼상 18:28)

"나단이 왕께 고하되 여호와께서 왕(다윗)과 함께 계시니 무릇 마음에 있는 바를 행하소서"(삼하 7:3)

중요한 것은 우리가 주님의 일을 하는 주님의 종을 영접하면 결국 하나님을 영접하는 결과까지 이르는 것입니다. 복음을 위하여 수고하는 사람을, 같은 동역자라 할지라도 주님을 영접하는 마음으로 영접을 하면 하나님께서는 반드시 그 영접한 보상을 주시는 것입니다.

"너희를 영접하는 자는 나를 영접하는 것이요 나를 영접하는 자는 나 보내신 이를 영접하는 것이니라 선지자의 이름으로 선지자를 영접하는 자는 선지자의 상을 받을 것이요 의인의 이름으로 의인을 영접하는 자는 의인의 상을 받을 것이요 또 누구든지 제자의 이름으로 이 소자 중 하나에게 냉수 한 그릇이라도 주는 자는 내가 진실로 너희에게 이르노니 그 사람이 결단코 상을 잃지 아니하리라 하시니라"(마 10장 40절~42절)

우리가 세상에 살아가는 동안 복음의 사역자, 주의 종들을 많이 대하게 됩니다.

우리가 주님을 사랑하기에 주님을 언제고 만나면 한번 크게 잘 대접을 하고 싶은 마음이 항상 있지만 주님이 육신으로 계시지 않음으로 주님을 대접하지 못하지만 주의 이름으로 주님의 종을 주님을 대접하듯 하면 바로 주님을 대접한 것과 같이 되고 주님을 대접을 한 사람은 이 세상에서나 내세에서도 반드시 그 수고한 일에 보상을 하여 주십니다.

40절 "너희를 영접하는 자는 나를 영접하는 것이요 나를 영접하는 자는 나 보내신 이를 영접하는 것이니라"

우리가 주님의 일을 하는 주님의 종을 영접하면 결국 하나님을 영접하는 결과까지 이르는 것입니다. 복음을 위하여 수고하는 사람을, 같은 동역자라 할지라도 주님을 영접하는 마음으로 영접을 하면 하나님께서는 반드시 그 영접한 보상을 주시는 것입니다.

창세기 18장에서 아브라함은 주의 천사를 보고 달려 나가서 영접하여 들이고 초청하고 대접을 하였을 때에, 정성으로 좋은 것으로 기름지고 좋은 것을 골라서 송아지를 잡아 손님을 대접하고 모셔 서서 수종을 들며 접대를 할 때에 10절 "그가 가라사대 기한이 이를 때에 내가 정녕 네게로 돌아오리니 네 아내 사라에게 아들이 있으리라"는 말씀의 축복이, 하나님의 능력이 100세 먹은 노인 부부에게 아들이 잉태가 되고 출산하는 약속이 이루어지었습니다.

주의 종을 접대 할 때에 아브라함과 같이 기름지고 좋은 것으로 모셔 서는 마음으로 정성과 겸손으로 접대를 할 때에 하나님의 능력의 보상을 받게 되는 것입니다.

한 가지 명심할 일은 자기가 아끼지 않는 것으로 주의 종을 접대한다면 오히려 저주를 자초하는 결과가 오게 됨으로 항상 주의 종을 접대 할 때에는 하나님을, 주님을 접대하는 마음과 같이 가장 좋고 기름진 것으로 접대를 하며 겸손히 모셔 서서 섬기며 접대를 하여야 합니다.

우리가 주님의 일을 하는 주님의 종들을 항상 기름지고 좋은 것으로 정성껏 모셔서 있는 겸손한 마음과 자세로 주님을 접대하는 마음으로 접대를 할 때에 하나님은 그 것을 기쁨으로 받으시고 보상하여 주시는 것입니다.

창세기 19장에는 롯이 천사를 대접하고 천사의 손에 이끌리어 소돔성에서 벗어나서 온 식구가 구원을 받은 기사가 있습니다. 롯이나 아브라함의 접대의 특징은 자발적으로 접대한 것입니다.

롯은 천사를 초청할 때에 "아니라 우리가 거리에서 경야 하리라"라고 말하며 거절을 하였지만 "롯이 간청하매 그제야 돌이켜서 그 집에 들어오는 지라" 한 것을 볼 때에 우리는 자발적으로 간청하여 주의 종을 접대하는 일을 하여야 합니다.

대접하는 일을 귀찮아하고 주의 종을 집에 모셔 들이기를 싫어하는 사람들은 주님을 집에 모셔 들이기를 싫어하는 사람과 같습니다.

힘이 들고 어려워도 주의 종을 집에 모셔 들이면 반드시 주의 종이 그 가정을 위하여 기도하여 준 대로 복이 오는 것입니다.

롯과 같이 주의 종을 간청하여 접대하는 손이 되어 주님이 주시는 축복과 은혜를 넘치게 됩니다. 접대는 자발적으로 주님을 접대하는 마음으로 하여야 할 것이요 체면이나 억지로 마지못하여 접대를 하는 것은 복을 받는 일이 되지 못하는 것입니다.

왕하 4장에서 수넴 여인은 엘리사를 접대하였습니다.

수넴 여인은 엘리사를 매번 접대를 하였습니다. 수넴 여인은 한 번 접대하는 일로 끝이 난 것이 아니라 계속하여 매번 지날 때마다 주의 종을 접대하였습니다. 작은 방을 하나 짓고 침상과 책상과 의자와 촛대를 진설하고 거기서 쉬면서 자면서 편하게 부담 없이 지내게끔 특별한 관심으로 잘 접대를 하였습니다.

주의 종을 이러함과 같이 지속적으로 접대를 할 때에 늙도록 자식이 없는 그 부부에게 귀한 아들이 주의 종을, 하나님의 선지자를 접대한 열매로 받게 되었습니다.

주의 종을 끝까지 여일하게 접대하는 사람에게는 주님께서 끝까지 그 접대한 대로 돌아보아 주십니다. 어린 아들이 병이 들어 죽었을 때에도 엘리사가 와서 기도하여 살려 주었습니다. 기근이 올 때에도 엘리사 선지자가 예언하여 기근을 면하게 하여 주었습니다.

기근이 지난 후에 다시 돌아 왔을 때에도 하나님은 게하시를 통하여 왕에게 고하게 하여 땅과 소득을 다시 찾게 하여 주었습니다.

하나님은 반드시 행한 대로 갚으시는 하나님이십니다. 심은 대로 거두게 하시고 주의 종을 접대한 대로 거두게 하시는 하나님이심을 잊지 말고 우리도 주님의 일꾼들, 주의 종을 잘 접대하여 그 보상으로 하나님이 주시는 은혜와 복을 받으며 살아가야 할 것입니다.

왕상 17장에서 엘리야를 접대한 사르밧 과부가 있습니다.
사르밧 과부는 자기의 마지막 남은 식물로 주님의 종을 접대하였습니다. 자기들의 마지막 남은 식물이지만 주님의 종에게 먼저 대접하고 나서 그 나머지로 자기와 자기 아들의 식물로 삼았습니다.

사르밧 과부의 주의 종을 대접한 특징은 자기보다 먼저 주의 종을 접대한 일입니다. 나는 굶어도, 나는 주려도 주의 종을 먼저 대접을 하는 사람은 반드시 기름과 가루가 다하지 않는 복을 받게 됩니다. 주님의 종을, 하나님의 일꾼을 자기 보다 먼저 귀히 여기고 대접을 하는 사람의 손길에 하나님은 다함이 없는 복을 주십니다.

눅 10장에서 마르다가 주님을 접대하였습니다.
주님은 지나실 때마다 마르다, 마리아, 나사로가 사는 집에 들리시어 음식도 잡수시고 말씀도 전하였습니다. 마르다는 음식으로 주님을 대접하였고 마리아는 주님의 말상대가 되어 줌으로 예수님을 접대하였습니다.

주님을 이렇게 잘 접대한 집의 가정에는 주님의 부활의 축복이 임하였습니다. 나사로를 죽은지 나흘이 지났어도 오셔서 살려 주었고 부활하신 주님은 제일 먼저 마르다를 만나 주셨습니다. 12제자보다도 먼저 마르다를 만나 주신 주님은 주님을 접대한 자에게 주시는 영적 은혜와 복으로 보상하신 것입니다.

우리는 주님을 오늘도 주의 종을 정성껏 음식으로, 말씀을 들음으로 접대를 하고 부활의 복을 받아야 합니다.
행 16장에서는 루디아가 바울을 접대하였습니다.

루디아는 사도 바울을 강권하여 청하여 드리고 접대를 하였습니다. 이러한 일로 인하여 유럽의 첫 복음 기지가 되는 축복을 받았습니다.

주님의 종을 접대한 사람은 세상에서도 보상을 받고 하나님 나라에서도 보상을 받습니다.

아브라함, 롯, 수넴 여인, 사르밧 과부, 마르다, 루디아 등 성경에 수많은 사람들이 주님을 접대하고 주의 종을 접대하고 복을 받은 증거가 많이 있습니다.

우리는 보이지 않는 주님을 접대하는 마음으로 주님의 종을, 복음의 사역자들을 잘 접대함으로 저들이 하나님을 향하여 빌어 주는 복을 다 받아 누리고 주님이 약속하신 은혜와 복을 받아 누리는 우리가 되어야 할 것입니다.

주님을 접대 할 때에, 주의 종을 접대 할 때에는 가장 좋고 기름진 것으로, 강권함으로, 계속적으로, 주님을 나보다 먼저 생각하고 접대 할 때에 하나님은 그 접대를 기쁨으로 받으시고 은혜와 복을 나와 내 자손에게, 하늘나라에서까지 상급으로 보상하여 주시는 것입니다.

"형제들아 우리가 너희에게 구하노니 너희 가운데서 수고하고 주 안에서 너희를 다스리며 권하는 자들을 너희가 알고 그들의 역사로 말미암아 사랑 안에서 가장 귀히 여기며 너희끼리 화목하라" (살전 5:12-13)

# ※ 진단 점검 사항 ※

❶ 성도들이 교역자의 권위에 온전히 순종하며
   복종하는 편인가요?
❷ 성도들이 교역자의 심방을 귀하게 여기고 소중하게
   생각하는가요?
❸ 성도들이 교역자의 설교를 하나님의 말씀으로 깊이
   새기며 소중히 생각하는가요?
❹ 성도들이 목회자에 대하여 칭찬하고 감사하는
   편인가요?
❺ 성도들이 교역자를 위하여 기도하는 편인가요?
❻ 성도들이 교역자 비판기는 것을 두려워하는가요?
❼ 성도들이 자신의 문제에 대하여 교역자에게 간곡히
   기도 부탁을 하는 편인가요?
❽ 성도들이 교역자의 말을 절대적으로 신뢰하는
   편인가요?
❾ 성도들이 교역자를 우선적으로 모든 일에 앞세우는
   편인가요?
❿ 성도들이 교역자의 믿음과 영성에 대하여 존경심을 가지고
   있는 편인가요?

The wave of Revival

"칼빈은 성직의 중요성에 대해 논하면서 교역자 제도를 교회에서 교인들을 하나로 규합시키는 중요한 열쇠로, 교회를 보호하는 역할로, 주님 자신이 현림하시는 제도로 보고 있습니다. 그러므로 성직 자체를 반대하는 행위는 용납할 수 없다고 봤습니다. 루터 역시 목사의 일에는 어떤 구별이 분명히 존재한다 보았습니다."(본문 중)

# 부흥의 파도

# 제 8원리

## 당신의 교회의 부흥을 원하십니까?
## 당신의 교회의 열매
## (영적 성숙도/품성)를 점검하십시오

성장하는 교회는 영적으로 성숙된 교회입니다. 영적으로 성숙되지 않은 교회에 부흥을 기대하기란 요원한 일입니다. 성숙이란 열매입니다. 그래서 성령의 9가지 열매가 중요한 것입니다. 열매란 성숙의 결과이기 때문입니다.

기자가 투자계의 정설인 모건과의 인터뷰에서 이렇게 질문하였다고 합니다 16)

"당신이 생각하는 성공의 조건은 무엇입니까?"
"인성입니다"

다시 기자는 모건에게 다시 물었다고 합니다
"그렇다면 자본과 자금 중에 어느 것이 더 중요합니까"
그러자 모건은 지체하지 않고 대답하였다고 합니다
"자금과 자본보다도 더 중요한 것은 인성입니다"

1998년 5월, 워싱턴대학교에서 세계적인 부호 워런 버핏과 빌 게이츠의 초청 강연이 이뤄졌습니다. 강연이 끝나고 질의 응답시간에 한 학생이 묻습니다.
"신보다 더 부자가 된 비결을 알고 싶습니다."

사실 성공이란 여러 요소가 복합적으로 작용한 결과이기에 학생이 던진 질문은 받아들이기에 따라 꽤나 대답하기 까다로울법한 문제였다.

그러나 버핏의 대답은 간결했다.
"아주 간단합니다. 비결은 좋은 머리가 아니라 인성입니다."

그러자 빌게이츠가 그의 말을 거들었다.
"저도 버핏의 말에 100퍼센트 동의합니다."

---

16) 하버드대 인생학 명강의 "어떻게 인생을 살것인가" (다연출판사)에서 인용

이 세상에 똑같은 사람은 존재하지 않지만 성공하는 사람들의 면면을 살펴보면 놀랍도록 닮아 있습니다. 그 중에서도 특히 인성이 그러합니다.

하버드대에서는 '하버드 인성'이라는 고유명사가 있을 정도로 훌륭한 인성을 강조하는데, 여기에는 용감함, 강인함, 독립적 사고력, 겸손함, 부지런함, 배움을 향한 열정과 노력 등이 포함되어 있습니다.

이렇듯 좋은 인성을 가진 사람은 자연스럽게 건강한 정신과 바른 행동 자세로 일상생활은 물론 학업이나 일에서도 좀더 수월하게 많은 성과를 거둘 수 있고, 나아가 더 나은 자아를 만들 수 있습니다.

'좋은나무 성품학교'를 운영하는 이영숙 박사는 성품을 이렇게 정의합니다.

"성품은 한 사람의 생각, 감정, 행동의 총체적 표현이다"

그러니까 한 사람의 인지적 측면과 감정적 측면, 그리고 행동으로 나타나는 모든 것이 종합적으로 드러나고 나타나는 것이 성품이라는 것입니다. 이 성품의 정의를 보면 성품은 그저 우리의 내면적 성향에 그치는 것이 아니라, 그것이 내 안에서 생각하고, 느끼고, 행동하게 만드는 것으로 드러나게 된다는 것입니다.

그래서 성품은 반드시 밖으로 표현되게 되어 있습니다. 말하는 것을 통해서, 다른 사람을 대하는 것을 통해서, 역경이나 시험을 당할 때 대처하는 자세를 통해서, 일을 해나가는 모습을 통해서 반드시 드러나게 되어 있습니다.

특히 성품은 평소에는 잘 드러나지 않다가도, 위기나 역경이나 시련이나 갑작스런 돌발상황을 만나면 적나라하게 드러나기 쉽습니다. 그래서 대부분의 사람들은 평소에는 그렇게 좋아보일 수 없는데, 대화가 깊어지고, 논쟁을 해보면, 그리고 갈등이 생기게 되면 안에 감추고 숨겨져 있던 성품들이 다 드러나게 됩니다.

영성에 있어서 인성은, 성품은 무엇일까요? 그것은 바로 성령의 열매입니다.

영적으로 성숙되지 않은 교회에 부흥을 기대하기란 요원한 일입니다. 성숙이란 열매입니다. 그래서 성령의 9가지 열매가 중요한 것입니다. 열매란 성숙의 결과이기 때문입니다.

비바람과 태풍과 가뭄속에서 온갖 세파를 잘 이겨낸 나무만이 아름다운 열매를 맺습니다. 열매란 온갖 고난을 이겨내고 풍성하고 아름다운 결실을 이루어낸 나무만이 가질수 있는 보배로운 결정체요 증거인 것입니다.

성령의 열매를 맺은 교회도 이러합니다. 온갖 영적 고난과 세파 가운데에서 영적 풍성한 생명력을 가진 교회만이 성령의 9가지 열매를 맺을수 있습니다. 이러한 교회만이 성숙한 교회이며 강력한 성령의 임재가 있는 교회인 것입니다.

> "내 형제들아 너희가 여러 가지 시험을 당하거든 온전히 기쁘게 여기라 이는 너희 믿음의 시련이 인내를 만들어 내는 줄 너희가 앎이라 인내를 온전히 이루라 이는 너희로 온전하고 구비하여 조금도 부족함이 없게 하려 함이라" (약 1:2~4)

성령의 9가지 열매를 아직도 맺지 못하는 교회는 미숙한 교회이며 성령의 역사가 충만하지 못한 교회인 것입니다. 이러한 미성숙한 교회에 부흥을 기대하기란 요원하며 불가능한 일입니다.

> "그러나 성령의 열매는 사랑과 기쁨과 화평과 오래 참음과 부드러움과 선함과 믿음과 온유와 절제니 이 같은 것을 대적할 법이 없느니라"(갈 5:22-23)

먼저 사랑입니다.

> "그런즉 이 일에 대하여 우리가 무슨 말 하리요 만일 하나님이 우리를 위하시면 누가 우리를 대적하리요 자기 아들을 아끼지 아니하시고 우리 모든 사람을 위하여 내주신 이가 어찌 그 아들과 함께 모든 것을 우리에게 주지 아니하겠느냐 누가 능히

하나님께서 택하신 자들을 고발하리요 의롭다 하신 이는
하나님이시니 누가 정죄하리요 죽으실 뿐 아니라 다시 살아나신
이는 그리스도 예수시니 그는 하나님 우편에 계신 자요 우리를
위하여 간구하시는 자시니라

누가 우리를 그리스도의 사랑에서 끊으리요 환난이나 곤고나
박해나 기근이나 적신이나 위험이나 칼이랴 기록된 바 우리가
종일 주를 위하여 죽임을 당하게 되며 도살 당할 양 같이 여김을
받았나이다 함과 같으니라  그러나 이 모든 일에 우리를
사랑하시는 이로 말미암아 우리가 넉넉히 이기느니라

내가 확신하노니 사망이나 생명이나 천사들이나 권세자들이나
현재 일이나 장래 일이나 능력이나 높음이나 깊음이나 다른 어떤
피조물이라도 우리를 우리 주 그리스도 예수 안에 있는 하나님의
사랑에서 끊을 수 없으리라"(롬 8:31~39)

우리는 하나님의 사랑을 경험한 사람들입니다. 우리의 영안
에는 이처럼 하나님께서 영원히 죄로 인하여 죽을 수밖에
없었던 우리들을 조건없이 이유없이 받아주시고 용서해주신
위대한 사랑을 우리는 다 경험하고 그 사랑의 DNA를 가지
고 있는 사람들입니다.

사랑이 없는 미성숙한 교회는 끊임없이 서로 비방하고 정죄
하고 교회가 분열되어집니다. 이러한 교회는 사랑의 영이 아
닌 분리의 영이 존재하는 교회입니다.

기쁨입니다.

"내가 아버지의 계명을 지켜 그의 사랑 안에 거하는 것 같이
너희도 내 계명을 지키면 내 사랑 안에 거하리라 내가 이것을
너희에게 이름은 내 기쁨이 너희 안에 있어 너희 기쁨을 충만하게
하려 함이라"(요 15:10~11)

예수를 사랑하기 때문에 터져 나오는 기쁨, 내가 구원받았다
는 확신을 갖고 있기 때문에 스며 나오는 기쁨, 이 기쁨이
자생력입니다. 이 기쁨이 능력입니다. 우리는 이 기쁨으로
그 모든 현실의 어려움을 녹여 버릴 수 있는 것입니다

"너희가 예수를 보지 못하였으나 사랑하는도다. 지금도 보지
못하나 말할 수 없는 영광스러운 즐거움으로 기뻐하니 믿음의
결국 영혼의 구원을 받음이라"(벧전 1:8~9)

기쁨이 없는 미성숙한 교회는 교회가 냉냉합니다.
이 기쁨이 회복되지 않은 교회는 박물관 교회(museum
church), 화석같이 굳어진 화석교회(Fossil church)나 다름
없습니다. 살았다 하는 이름은 가졌으나 실상은 죽은 교회인
것입니다(계3:1)

박물관 교회(museum church)처럼 사람들이 경건 구경만
하는 경건의 능력은 상실한 교회이며, 오래된 화석같이 성령
이 떠난 굳어진 화석교회(Fossil church)와 같은 교회인 것
입니다
"그러므로 너희가 기쁨으로 구원의 우물들에서 물을

길으리로다"(사 12:3)

화평입니다.

"평안을 너희에게 끼치노니 곧 나의 평안을 너희에게 주노라 내가
너희에게 주는 것은 세상이 주는 것과 같지 아니하니라 너희는
마음에 근심하지도 말고 두려워하지도 말라"(요 14:27)

하늘로부터 오는 하나님의 평강을 체험하는 교회는 불평과
불만이 있을수 없습니다. 거룩한 성령의 능력에 붙들려 늘
평강과 감사가 넘치는 교회입니다.

평강이 없는 미성숙한 교회는 끊임없이 불평과 불만이 넘치
며 감사하지를 못합니다. 하늘로부터 오는 하나님의 평강을
체험하지 못하고 거룩한 성령의 능력에 붙들리지 못한 교회
입니다.

"여호와께서 자기 백성에게 힘을 주심이여 여호와께서 자기
백성에게 평강의 복을 주시리로다"(시 29:11)

오래참음입니다.

강한 태풍과 쓰라린 가뭄에도 인내하고 견딘 나무만이 아름
답고 풍성한 열매와 결실을 맺을수 있습니다. 마찬가지입니
다. 어떠한 고난과 어려움에서고 인내하고 오래참음의 과정
이 있었던 교회만이 성숙하고 부흥하는 교회가 됩니다.

오래참음은 성숙의 표징입니다.

오래참지 못하고 끊임없이 정죄하고 판단하고 심판하는 교회가 어떻게 성장할수 있다는 말입니까?

> "모든 겸손과 온유로 하고 오래 참음으로 사랑 가운데서 서로 용납하고"(엡 4:2)

명심보감을 보면 공자와 그의 제자 자로의 대화가 나옵니다 "사람이 지닐 가장 중요한 덕목은 무엇입니까?"하고 자로가 물으니 공자는 "그저 느긋하게 참는 것이니라"고 대답합니다 "천자가 참으면 나라가 해를 면하고 제후가 참으면 나라가 커지고 관리가 참으면 지위가 높아지고 형제간에 참으면 부귀하게 되고 부부가 참으면 해로하고 친구가 참으면 명예를 얻고 자신에 대하여 참으면 재앙을 면할수 있다"

벤자민 프랭클린은 이렇게 말합니다
"인내를 지닌 사람은 그가 원하는 것을 가질수 있다"

미국의 30대 대통령인 칼빈 클릿지는
"무엇으로 인내를 대신하겠는가? 많은 재능있는 사람들이 성공하지 못한다. 인내하지 못하기 때문이다. 교육을 많이 받은 사람들이 성공하지 못한다. 왜냐하면 인내하지 못하기 때문이다. 때때로 용기있는 사람도 실패하는 것을 보는데 이

도 인내하지 못하기 때문이다"고 하였습니다

히브리서 10장 36절은 우리에게 인내가 얼마나 중요한 가를 말씀하십니다.

"너희에게 인내가 필요함은 너희가 하나님의 뜻을 행한 후에 약속을 받기 위함이라"(히 10:36)

"여러분이 하나님의 뜻을 행하고 하나님께서 약속해 주신 것을 받으려면 인내가 필요합니다"(히 10:36)

'필요함'에 해당하는 헬라어 '크레이안'은 단순한 필요(necessary)를 말하는 것이 아니라 반드시 필요한 없어서는 안될, 빠져서는 안될 필요(indispensable)을 의미합니다. 이것은 인내가 신앙인들에게 얼마나 없어서는 안될 필수적인, 필수불가결 적인 요소인가를 우리에게 보여줍니다.

먼저 우리가 생각해볼 것은 하나님 자신이 오래 참으시는 분이라는 것입니다.

"주의 약속은 어떤 이의 더디다고 생각하는 것같이 더딘 것이 아니라 오직 너희에 대하여 오래 참으사" (벧후 3:9)

하나님은 성품 자체가 오래 참으시는 분입니다. 하나님의 본질 자체가 오래 참으시는 분이시라는 것입니다. 하나님께서 오래 참으시는 분이시기 때문에 하나님의 약속을 받기 위해서는 당연히 인내가 필요한 것입니다.

"너희에게 인내가 필요함은 너희가 하나님의 뜻을 행한 후에
약속을 받기 위함이라"(히 10:36)

뉴욕의 어느 목사님이 아브라함 링컨의 쓰던 낡은 성경을
살펴보다가 특별히 손때가 많이 묻고 눈물 자국이 많이 있
어서 보니까 시편 37편 7절이더랍니다.

"여호와 앞에 잠잠하고 참아 기다리라 자기 길이 형통하며
악한 꾀를 이루는 자를 인하여 불평하지 말지어다"라고 하는
말씀이었습니다. 링컨 대통령은 오래 참고 기다릴줄 아는 사
람이었기 때문에 그렇게 큰 그릇이 되고 위대한 인물이 될
수 있었던 것입니다.

하나님은 성품 자체가 오래 참으시는 분이시기에 하나님도
오래 참고 기다릴줄 아는 사람을 찾고 계시며 그런 사람에
게 큰 복을 주시고 큰 그릇으로 사용하신 다는 것을 알아야
합니다.

그래서 성경은 인내하는 자, 그 자가 바로 복된 자라고 정의
를 내리고 있습니다.

"보라 인내하는 자를 우리가 복되다 하나니"(약 5:11)

"그러나 여호와께서 기다리시나니 이는 너희에게 은혜를 베풀려

하심이요 일어나시리니 이는 너희를 긍휼히 여기려 하심이라 대저 여호와는 공의의 하나님이심이라 무릇 그를 기다리는 자는 복이 있도다"(사 30:18)

자비입니다. 먼저 자비는 긍휼입니다.

"긍휼이 풍성하신 하나님이 우리를 사랑하신 그 큰 사랑을 인하여 허물로 죽은 우리를 그리스도와 함께 살리셨고 너희는 은혜로 구원을 받은 것이라" (엡 2:4~5)

이처럼 우리는 하나님의 자비가 없었다면 영적으로 죽을수 밖에 우리를 무조건적으로 살리시고 무조건적으로 용서하시고 우리를 살리신 사건이 하나님의 자비와 긍휼이 있었기에 가능했습니다.

"우리 구주 하나님의 자비와 사람 사랑하심이 나타날 때에 우리를 구원하시되 우리가 행한 바 의로운 행위로 말미암지 아니하고 오직 그의 긍휼하심을 따라 중생의 씻음과 성령의 새롭게 하심으로 하셨나니"(딛 3:4~5)

주님은 늘 사랑어린 눈으로 우리를 바라보시고 우리의 기도 와 말을 들어주시고 우리 손을 잡아주시는 분이십니다.

"예수께서 제자들을 불러 이르시되 내가 무리를 불쌍히 여기노라 그들이 나와 함께 있은 지 이미 사흘이매 먹을 것이 없도다 길에서 기진할까 하여 굶겨 보내지 못하겠노라"(마 15:32)

"우리에게 있는 대제사장은 우리의 연약함을 동정하지(體恤) 못하실 이가 아니요 모든 일에우리와 똑같이 시험을 받으신 이로되 죄는 없으시니라."(히 4:15)

"그가 시험을 받아 고난을 당하셨은즉 시험 받는 자들을 능히 도우실 수 있느니라" (히브리서 2:18)

"그들의 모든 환난에 동참 하사(同受苦難) 자기 앞의 사자로 하여금 그들을 구원하시며 그의 사랑과 그의 자비로 그들을 구원하시고 옛적 모든 날에 그들을 드시며 안으셨으나" (사 63:9)

"날마다 우리의 짐을 지시는 주 곧 우리의 구원이신 하나님을 찬송할지로다"(시68:19)

"야곱의 집이여 이스라엘 집에 남은 모든 자여 내게 들을지어다 배에서 태어남으로부터 내게 안겼고 태에서 남으로부터 내게 업힌 너희여 너희가 노년에 이르기까지 내가 그리하겠고 백발이 되기까지 내가 너희를 품을 것이라 내가 지었은즉 내가 업을 것이요 내가 품고 구하여 내리라" (사 46:3-4)

주님은 우리 연약함을 늘 동정하시고 아퍼하시고 우리를 도우시는 분입니다.

자비란 넓은 마음입니다. 자비는 친절, 겸손입니다.

"너희는 모든 악독과 노함과 분냄과 떠드는 것과 비방하는 것을 모든 악의와 함께 버리고 서로 친절하게 하며 불쌍히 여기며 서로 용서하기를 하나님이 그리스도 안에서 너희를 용서하심과 같이 하라"(엡 4:31~32)

우리가 다른 사람들에게 친절하게 대해준다는 것은 무엇을 말하는 것입니까? 그것은 상냥함을 말하며 그것은 온화함으로 이웃을 대하는 것을 말합니다.

친절의 헬라어는 친절이 어떠한 모습으로 나타나야 하는지를 알려주는 아주 의미 심장한 뜻을 가지고 있습니다. 친절은 헬라어로 크레스토스인데 그 뜻은 고용되다입니다. 그 어원은 빌리다. 대출금을 받다입니다..

친절은 우리가 많은 돈을 빌리든지 어떤 사람을 주인으로 모시고 그 밑에서 고용되어 일하는 자가 나타내는 성품입니다. 우리가 빚쟁이에게는 꼼짝도 못하지 않습니까? 우리는 우리를 고용한 사장 앞에서도 꼼짝을 못합니다. 밥줄이 달려 있고 돈이 걸려 있기 때문입니다.

친절하게 한다는것은 이렇게 일꾼이 자기를 고용한 사장에게 대하는 부드러운 태도를 말합니다.

친절의 성령의 강력한 열매를 맺지 못한 미성숙한 교회가 성장할수 있습니까?

자비는 또한 겸손입니다.

어떤 사람이 성 어거스틴에게 찾아와서 물었습니다. "선생님, 기독교의 첫째 가는 덕목이 무엇입니까?" 그러자 어거스틴은 "첫째는 겸손"이라고 대답했습니다. "그러면 둘째는 무엇입니까?" 어거스틴은 "둘째도 겸손"이라고 대답했습니다. 그 사람은 또 물었습니다. "셋째는 무엇입니까?" 그러자 이번에도 역시 어거스틴은 "셋째도 역시 겸손"이라고 대답했다고 합니다.

하나님은 교만한 자를 대적하십니다.
교만은 마귀의 성품입니다. 마귀가 타락한 이유가 바로 교만 때문이었기 때문입니다

"너 아침의 아들 계명성이여 어찌 그리 하늘에서 떨어졌으며 너 열국을 엎은 자여 어찌 그리 땅에 찍혔는고 네가 네 마음에 이르기를 내가 하늘에 올라 하나님의 뭇별 위에 나의 보좌를 높이리라 내가 북극 집회의 산 위에 좌정하리라 가장 높은 구름에 올라 지극히 높은 자와 비기리라 하도다 그러나 이제 네가 음부 곧 구덩이의 맨 밑에 빠치우리로다"(사 14:12-20)

교만하여 타락한 마귀 역시 하늘에서 떨어지고 땅에 찍히는 패망을 당하였습니다.

"교만은 패망의 선봉이요 거만한 마음은 넘어짐의 앞잡이니라" (잠 16:18)

교만하면 망합니다 교만하면 길이 없습니다 교만하면 죽습니다.

"그러므로 그의 재앙이 갑자기 내려 당장에 멸망하여
살릴 길이 없으리라" (잠 6:15)

다니엘서를 보면 당시 최고의 권력자였던 느부갓네살 왕은 교만으로 인하여 사람에게서 쫓겨나서 몸이 하늘 이슬에 젖고 머리털이 독수리 털과 같이 자랐고 손톱은 새 발톱과 같이 되었더라 들짐승과 함께 살면서 소처럼 풀을 먹게 됩니다.

"나 왕이 말하여 이르되 이 큰 바벨론은 내가 능력과 권세로
건설하여 나의 도성으로 삼고 이것으로 내 위엄의 영광을 나타낸
것이 아니냐 하였더니 이 말이 아직도 나 왕의 입에 있을 때에
하늘에서 소리가 내려 이르되 느부갓네살 왕아 네게 말하노니
나라의 왕위가 네게서 떠났느니라 네가 사람에게서 쫓겨나서
들짐승과 함께 살면서 소처럼 풀을 먹을 것이요 이와 같이 일곱
때를 지내서 지극히 높으신 이가 사람의 나라를 다스리시며
자기의 뜻대로 그것을 누구에게든지 주시는 줄을 알기까지
이르리라 하더라 바로 그 때에 이 일이 나 느부갓네살에게

응하므로 내가 사람에게 쫓겨나서 소처럼 풀을 먹으며 몸이 하늘 이슬에 젖고 머리털이 독수리 털과 같이 자랐고 손톱은 새 발톱과 같이 되었더라  기한이 차매 나 느부갓네살이 하늘을 우러러 보았더니 내 총명이 다시 내게로 돌아온지라 이에 내가 지극히 높으신 이에게 감사하며 영생하시는 이를 찬양하고 경배하였나니 그 권세는 영원한 권세요 그 나라는 대대에 이르리로다 땅의 모든 사람들을 없는 것 같이 여기시며 하늘의 군대에게든지 땅의 사람에게든지 그는 자기 뜻대로 행하시나니 그의 손을 금하든지 혹시 이르기를 네가 무엇을 하느냐고 할 자가 아무도 없도다 그 때에 내 총명이 내게로 돌아왔고 또 내 나라의 영광에 대하여도 내 위엄과 광명이 내게로 돌아왔고 또 나의 모사들과 관원들이 내게 찾아오니 내가 내 나라에서 다시 세움을 받고 또 지극한 위세가 내게 더하였느니라 그러므로 지금 나 느부갓네살은 하늘의 왕을 찬양하며 칭송하며 경배하노니 그의 일이 다 진실하고 그의 행하심이 의로우시므로 교만하게 행하는 자를 그가 능히 낮추심이라" (단 4:30~37)

<시사저널>에서 국내의 최우수 경영자 CEO 10명을 선정해서 발표를 했습니다. 금강고려화학, 현대모비스, 신세계, 롯데제과, 아시아시멘트, 한일시멘트, 태평양, 에스원 등 10개 회사의 CEO들이 선정되었는데, 이 한국 최고 경영자들의 공통점은 한결같이 겸손하다는 것입니다.

그 옛날, 로버트 케네디의 인기가 한창 높았을 때입니다. 그의 기사가 라이프지에 크게 났습니다. 그때 그가 건강한 모습을 자랑하기 위해 스키장 눈 위에 웃통을 벗고 누운 것을

사진찍었습니다.

그리고 기자들이 물었습니다. "자녀가 몇 명입니까?"
"열하나입니다"
"어떻게 그다지도 많은 아이들을 가지셨습니까?"

이 질문에 대한 로버트 케네디의 대답이 라이프 지에 기사로 실렸는데, 그것을 보고 섬찟한 기분을 느꼈습니다.

"나같이 우수한 종자는 후손을 많이 퍼뜨려야 합니다" 그는 이렇게 말했던 것입니다.

여러분, 인간으로서 누가 감히 이러한 말을 할 수 있겠습니까? 교만한 사람입니다. 그따위 자랑을 하나님께서는 허락지 않으십니다. 로버트 케네디의 최후를 보십시오.

그러한 기사가 실린 지 얼마 후 그는 유언 한마디 못 남기고 비명횡사를 당했습니다.

'벼는 익을수록 고개를 숙인다' 말이 있습니다.
이 말은 진리입니다. 우리의 마음을 움직이고 감동을 주는 것은 바로 겸손입니다.

성 브라더 로렌즈 수도사는 싸움이 제일 많기로 소문난 수도원에 원장으로 임명되었습니다.

그가 그 문제 많은 수도원의 문을 두드리자 젊은 수도사들이 몰려 나왔습니다. 그들은 백발이 성성한 노 수도사가 서 있는 것을 보고는

"어서 식당에 가서 접시를 닦으시오" 하고 말했습니다.
처음 부임한 수도사가 그런 일을 하는 것이 전통인 모양이었습니다.

그는 "네! 그러겠습니다." 라고 대답하고는 곧장 식당으로 묵묵히 걸어 들어갔습니다.

그는 한달, 두달, 석달, 계속해서 접시를 닦았습니다.
그런 그에게 엄청난 멸시와 천대와 구박이 쏟아졌습니다.

석달이 지나서 감독이 순시차 수도원을 들렀습니다.
젊은 수도사들은 그 앞에서 쩔쩔맸습니다.
그런데 원장의 모습이 보이지 않자 감독이 물었습니다.

"원장님은 어디 가셨는가?"

"아직 부임하지 않았습니다."

그러자 감독이 깜짝 놀라며 말했습니다.
"아니, 그게 무슨 소린가! 내가 로렌즈 수도사를 3개월 전에

임명했는데!"

감독의 말에 젊은 수도사들이 아연실색했습니다.
그들은 그 즉시 식당으로 달려가 노 수도사 앞에 무릎을 꿇었습니다.

그의 겸손으로 그 후부터 그곳은 모범적인 수도원이 되었습니다.

겸손하면 은혜가 임합니다.

"하나님은 교만한 자를 대적하시고 겸손한 자에게 은혜를 주신다 하였느니라"(약 4:6)

은혜가 무엇입니까? 은혜는 선물입니다.
약한 자가 강하여지고 낮은 자가 높아지고 가난한 자가 부해지는 것이 은혜입니다.

말씀과 기도와 찬양하면 은혜가 임하는 것 뿐 아니라 겸손하면 은혜가 임합니다. 겸손이 얼마나 위대합니까?

그래서 성경은 "겸손과 여호와를 경외함의 보응은 재물과 영광과 생명이니라"(잠 22:4)이라고 말씀합니다

나는 늘 내 자신을 돌이켜 보면서 되새기는 말이 있습니다.

나는 겸손한가 하는 것입니다.
그래서 사실은 늘 겸손하려고 애씁니다.
늘 겸손하려고 애쓰고 다짐하고 마음에 새기곤 합니다.

여러분! 겸손에는 말의 겸손만 있는 것이 아닙니다

눈의 겸손이 있습니다. 귀의 겸손이 있습니다.
자세의 겸손이 있습니다.

잠언 6장 16절에서 하나님이 미워하시는 것 예닐곱 가지 중
첫번째로 교만한 눈을 지적하십니다.

눈이 교만한 사람이 있습니다.
겸손이란 총제적인 것입니다.

말과 눈, 자세, 얼굴 이 모든 것에 겸손이 드러나는 것입니다.

상대방을 대하는 여러분의 눈, 얼굴, 말 자세가 어떻습니까?

겸손한 자에게는 영의 소성이 있습니다.

"지극히 존귀하며 영원히 거하시며 거룩하다 이름하는 이가 이와
같이 말씀하시되 내가 높고 거룩한 곳에 있으며 또한 통회하고
마음이 겸손한 자와 함께 있나니 이는 겸손한 자의 영을
소생시키며 통회하는 자의 마음을 소생시키려 함이라"(사 57:15)

겸손치 않으면 우둔합니다 겸손치 않으면 영의 소성이 없습니다. 겸손치 않으면 영이 죽습니다

마더 테레사는 "겸손은 무기"이다 라고 고백했습니다

"하나님은 교만한 자를 대적하시고 겸손한 자에게 은혜를 주신다 하였느니라"(약 4:6)

겸손한 교회에게는 놀라운 하나님의 은혜가 있습니다
겸손한 교회에게는 영의 소성이 있습니다
겸손은 무기이며 능력이여 권세이며 능력입니다

'겸손한 사람은 언제나 하나님을
그의 안내자로 삼을 것이다'(번연)

'겸손은 무기입니다' (마더 테레사)

무엇보다 우리 주님이 겸손하신 분이셨습니다. 주님은 마음이 겸손하고 온유하신 분이셨습니다.

"수고하고 무거운 짐 진 자들아 다 내게로 오라 내가 너희를 쉬게 하리라 나는 마음이 온유하고 겸손하니 나의 멍에를 메고 내게 배우라 그리하면 너희 마음이 쉼을 얻으리니 이는 내 멍에는 쉽고 내 짐은 가벼움이라 하시니라" (마11:28-30)

양선입니다. 말그대로 선함입니다

"너희는 세상의 소금이니 소금이 만일 그 맛을 잃으면 무엇으로
짜게 하리요 후에는 아무 쓸 데 없어 다만 밖에 버려져 사람에게
밟힐 뿐이니라 너희는 세상의 빛이라 산 위에 있는 동네가
숨겨지지 못할 것이요 사람이 등불을 켜서 말 아래에 두지
아니하고 등경 위에 두나니 이러므로 집 안 모든 사람에게
비치느니라 이같이 너희 빛이 사람 앞에 비치게 하여 그들로 너희
착한 행실을 보고 하늘에 계신 너희 아버지께 영광을 돌리게
하라"(마 5:13~15)

요즘 한국교회는 세상의 지탄을 받습니다. 이유가 무엇입니
까? 선하지 않기 때문입니다. 세상에서도 일어날 수 없는 비
상식적인 일들이 교회에서 일어나기 때문입니다.

이러한 교회가 하나님의 임재가 성령의 역사가 있는 교회입
니까? 성령의 열매는 선입니다. 선의 열매를 한국교회가 맺
지 못하는한 부흥은 요원한 일입니다.

고등학교 때 코카콜라 회사에서 아르바이트생으로 일한 한
소년이 있었습니다. 그가 하는 일은 바닥에 흘러내린 콜라를
닦아내는 것이었습니다. 한번은 50개의 콜라 병이 든 상자
가 터졌으나 아무도 이것을 닦아낼 생각을 하지 않았습니다.
그때 검은 피부의 한 소년이 바닥에 꿇어 엎드려 콜라를 열
심히 닦아내고 있었습니다.

소년은 자메이카 출신이었고 가정은 항상 가난했습니다. 학교성적도 하위권이었지만 소년에게는 남들이 갖지 못한 장점이 있었습니다. 그는 정직하고 성실했으며 시련 앞에 용감했습니다.

결국 그 소년은 '정직'과 '성실'과 '투지'를 자산 삼아 미국의 합참의장이 됐습니다.

이 사람의 이름은 '걸프전의 검은 영웅'인 콜린 파월입니다. 그는 백인도 아니고 앵글로 색슨족도 아니지만 미국인들로부터 존경받는 인물로 손꼽히고 있습니다.

하나님께서는 정직한 자를 주목하십니다.

잠언 14장 2절에 "정직하게 행하는 자는 여호와를 경외하여도 패역하게 행하는 자는 여호와를 경멸히 여기느니라"라는 말씀합니다. 정직하게 사는 것이 하나님을 경외하는 것이요, 거짓말하며 사는 것은 하나님을 경멸하는 것입니다.

정직한 자에게 희망과 소망이 있습니다.

> "정직한 자에게는 흑암 중에 빛이 일어나나니
> 그는 어질고 자비하고 의로운 자로다" (시 112:4)

정직한 자를 하나님은 기뻐하십니다.

"만일 네 입술이 정직을 말하면 내 속이 유쾌하리라"(잠 23:16)

하나님은 정직한 자를 기뻐하십니다. 왜냐하면 하나님은 원래 인간을 정직하게 지으셨기 때문입니다.

"나의 깨달은 것이 이것이라 곧 하나님이 사람을 정직하게 지으셨으나 사람은 많은 꾀를 낸 것이니라"(전 7:29)

정직한 자는 하나님과의 교통을 누립니다.

"대저 패역한 자는 여호와의 미워하심을 입거니와 정직한 자에게는 그의 교통하심이 있으며" (잠 3:32)

"여호와는 의로우사 의로운 일을 좋아하시나니 정직한 자는 그 얼굴을 뵈오리로다" (시 11:7)

정직한 자의 기도를 하나님은 기뻐하시고 정직한 자의 기도는 하나님의 마음을 움직입니다.

"악인의 제사는 여호와께서 미워하셔도 정직한 자의 기도는 그가 기뻐하시느니라"(잠 15:8)

하나님께서는 정직한 자를 보호하시고 그의 앞길을 인도하십니다.

"생각하여 보라 죄 없이 망한 자가 누구인가 정직한 자의
끊어짐이 어디 있는가" (잠 4:7)

"정직한 자는 그 의로 인하여 구원을 얻으려니와 사특한 자는
자기의 악에 잡히리라" (잠 11:6)

"나의 방패는 마음이 정직한 자를 구원하시는 하나님께 있도다"
(시 7:10)

"그는 정직한 자를 위하여 완전한 지혜를 예비하시며 행실이
온전한 자에게 방패가 되시나니" (잠 2:7)

정직한 자는 형통합니다.

"성읍은 정직한 자의 축원을 인하여 진흥하고 악한 자의 입을
인하여 무너지느니라" (잠 11:11)

"악한 자의 집은 망하겠고 정직한 자의 장막은 흥하리라"
(잠 14:11)

"게으른 자의 길은 가시울타리 같으나
정직한 자의 길은 대로니라"(잠 15:19)

"또 청결하고 정직하면 정녕 너를 돌아보시고 네 의로운 집으로
형통하게 하실 것이라" (욥 8:6)

"의로운 입술은 왕들의 기뻐하는 것이요 정직히 말하는 자는
그들의 사랑을 입느니라" (잠 16:13)

정직한 자는 결국 하나님의 은혜를 입습니다.

"미련한 자는 죄를 심상히 여겨도 정직한 자 중에는
은혜가 있느니라" (잠언 14:9)

"여호와여 선인에게와 마음이 정직한 자에게
선(은혜)을 행하소서" (시 125:4)

여러분은 정직하십니까? 정직은 결국 어디에서나 누구에게
나 드러나는 것입니다. 성경은 아이라도 그 정직이 결국 드
러나게 됨을 말씀합니다. 거짓으로 남을 속일 수 있다는 허
황된 꿈을 버려야 합니다.

"비록 아이라도 그 동작으로 자기의 품행의 청결하며 정직한
여부를 나타내느니라"(잠 20:11)

여러분은 정직하십니까?

"나는 정직한 자의 형통을 믿는다" 라는 책에서 이랜드 박성
수 사장은 이렇게 간증합니다.

"1997년 11월,외환 위기가 닥치자 은행은 자신들이 살기 위
해 돈을 마구 회수하기 시작했습니다. 저희 회사의 경우도

매출이 떨어지자 매장 주인들이 줄줄이 그만두겠다고 하는데 그러면 보증금을 돌려줘야 했지요.

또, 어떤 회사를 없애기 위해 직원들의 퇴직금을 돌려줘야 하는 경우도 생겼습니다. 매출은 적어지고 돈 나갈 데는 훨씬 많아진 것입니다. 점점 광야가 심해지더니 이듬해 4월부터는 아예 사막이 시작되었습니다.

저희는 금식 기도를 하기 시작했습니다. 하지만 응답이 없었습니다. 급기야 은행에서 부도가 나기 전에 회장을 피신시키라는 전언까지 받게 되었습니다.

그런데 부도가 나기 직전에 기적적으로 외국인 투자자가 들어왔습니다. 그것도 은행이 놀랄 만한 금액을 들고 말입니다. 은행조차 외자 유치를 하지 못하고 있을 때 외국인 투자가 들어오자 은행도 바로 문을 열어 주었습니다.

이 회사는 현금 5억 불을 들고 들어와서 저희에게 10분의 1을 투자했습니다. 5억 불이면 저희 같은 규모의 회사 10개를 살릴 수 있는 큰 돈입니다. 그런데 1년간 나머지 돈을 투자하지 못한 채 4억 5천만 불을 고스란히 가지고 있는 것이었습니다.

제가 이상하게 여기고 물어봤더니 그 외국 투자가도 사고 싶답니다. 그러나 막상 사려고 하면 그 회사의 장부가 두 개랍니다. 사실 우리 회사도 장부가 하나라서 투자했다는 겁니다.

제가 얻은 결론은 하나입니다. 정직하면 손해 볼 때가 많습니다. 그러나 결정적일 때는 정직해서 살아난다는 것입니다"

또한 교회는 거룩해야 합니다.
교회의 4가지 표식은 one(하나의), holy(거룩한), catholic (보편적인), apostolic(사도적인) 교회입니다.

"저가 빛 가운데 계신것 같이 우리도 빛 가운데 행하면 우리가 서로 사귐이 있고 그 아들 예수의 피가 우리를 모든 죄에서 깨끗하게 하실 것이요"(요일 1:7)

"너는 이스라엘 자손의 온 회중에게 고하여 이르라 너희는 거룩하라 나 여호와 너희 하나님이 거룩함이니라"(레 19:2)

거룩에는 노력이 필요합니다. 뼈를 깎는 희생이 필요합니다. 그렇기에 거룩은 쉽지 않습니다. 그 길은 좁은 길입니다 그러나 그 길만이 생명의 길입니다.

"좁은 문으로 들어가라 멸망으로 인도하는 문은 크고 그 길이 넓어 그리로 들어가는 자가 많고 생명으로 인도하는 문은 좁고 길이 협착하여 찾는 이가 적음이니라"(마 7:13-14)

거룩은 온전히 인간의 몫입니다[7]

"거룩에는 '하나님의 몫'과 '인간의 몫'이라는 신비로운 혼합이 있다. 하나님은 우리 모두가 다 거룩하기를 원하신다. 그러나 우리의 동참 없이는 그 일을 하지 않으실 것이다.

우리는 우리 자신을 축복의 장소에 두어야 한다. 거룩에 대한 조건 충족 없이 거룩이 기적적으로 우리에게 임하기를 기대하거나 하나님이 우리를 도우셔서 우연히 임하기를 기대하는 것은 잘못된 것이다.

푸른 초장으로 가는 길에 대한 안내판은 아주 분명하다. 우리 다같이 그 길을 가도록 하자. 거룩하기를 원하면서 기도와 헌신을 등한히 하는 것은 동쪽으로 가기를 원하면서 서쪽을 향해 걷는 것과 같다.

오직 믿음으로만 거룩하게 될 수 있다고 말하는 것은 성도들을 잘못 인도하는 것이다. 이는 신약성경에 나와 있는 의지적인 순종에 대한 수백 구절이 넘는 많은 말씀들을 그저 대수롭지 않게 보아 넘기는 것이다.

그리고 승리의 삶은 '소명의 제단'에서만 찾을 수 있다고 가르치는 것도 성도들을 잘못 인도하는 것이다. 물론 사람이 그 자신을 그리스도께 재헌신할 수 있다. 그러나 자신을 제단에 드리는 것만이 전부는 아니다. 사실 일시적으로 제단에 드린 자신의 의지는 지속적인 노력의 뒷받침이 없이는

---

17) 이후 "잊혀진 명령 거룩하라"(윌리암 맥도날드, 전도출판사)에서 인용

곧 그 열정이 사라져 버리고 만다.

그러므로 우리는 "하나님께 자신을 드려 하나님으로 그 일을 하시게 하자"라든지, "약속을 믿으면 충만을 받는다" 또는 "노력하지 말고 신뢰하라"는 등 아주 그럴싸한 구호들을 조심해야 한다. 도날드 캄벨은 다음과 같이 말했다.

"성령은 신자들 안에서 자동적으로 혼자 역사하시지 않고 그 상대의 반응을 기다리신다"

거룩에는 댓가가 있습니다. 하나님과의 깊은 사귐이 있습니다. 거룩한 자에게만 주어지는 하나님과의 거룩한 사귐이 있습니다. 거룩한 자에게만 주어지는 특권입니다.

"저가 빛 가운데 계신것 같이 우리도 빛 가운데 행하면 우리가 서로 사귐이 있고 그 아들 예수의 피가 우리를 모든 죄에서 깨끗하게 하실 것이요"(요일 1:7)

"모든 사람으로 더불어 화평함과 거룩함을 좇으라 이것이 없는는 아무도 주를 보지 못하리라"(히 12:14)

이 말씀에서 사귐이란 헬라어로 코이노니아입니다. 하나님이 빛가운데 계신 것 같이 우리도 빛가운데 거룩히 행하면 하나님과 우리 사이에 사귐이 시작됩니다. 친밀한 교제가 일어납니다. 거룩한 자에게만 주어지는 놀라운 특권입니다.

우리가 주를 보지 못하고, 하나님과의 깊은 사귐에 실패하는 이유는 뼈를 깎는 거룩에 대한 우리의 노력이 없기 때문입니다. 위의 윌리암 맥도날드의 고백처럼 하나님 문제가 아니라 온전히 우리 문제입니다.

거룩에는 뼈를 깎는 수고와 노력이 필요합니다. 그러나 거룩한 자에게는 하나님이 계십니다.

거룩한 자는 하나님을 봅니다. 거룩한 자는 하나님의 임재안에 거합니다. 그렇기에 거룩은 능력입니다.

성경의 삼손을 보십시오.
그의 능력의 근원이 어디에서 나왔습니까? 바로 나실인이라는 거룩한 직분을 의미하는 그의 삭도를 대지 않은 긴 머리털에서 나왔습니다.

그러나 그가 창기에 빠져 그 머리털이 뽑혔을 때 그는 능력을 상실하였습니다. 삼손의 이야기는 우리에게 거룩 바로 곧 능력임을 보여줍니다.

"삼손이 진정을 토하여 그에게 이르되 내 머리에는 삭도를 대지 아니하였나니 이는 내가 모태에서 하나님의 나실인이 되었음이라 만일 내 머리가 밀리우면 내 힘이 내게서 떠나고 나는 약하여져서 다른 사람과 같으리라 들릴라가 삼손의 진정을 다 토함을 보고 보내어 블레셋 사람의 방백들을 불러 가로되 삼손이 내게 진정을 토하였으니 이제 한번만 올라오라 블레셋 방백이 손에 은을 가지고 여인에게로 올라오니라. 들릴라가 삼손으로 자기 무릎을 베고 자게 하고 사람을 불러 그 머리털 일곱 가닥을 밀고 괴롭게 하여본즉 그 힘이 없어졌더라 들릴라가 가로되 삼손이여 블레셋 사람이 당신에게 미쳤느니라 하니 삼손이 잠을 깨며 이르기를 내가 전과 같이 나가서 몸을 떨치리라 하여도 여호와께서 이미 자기를 떠나신 줄을 깨닫지 못하였더라"(삿 16:17-20)

거룩에는 노력이 필요합니다. 뼈를 깎는 희생이 필요합니다 그렇기에 거룩은 쉽지 않습니다. 그 길은 좁은 길입니다 그러나 그 길은 생명입니다.

그러나 거룩에는 댓가가 있습니다. 하나님과의 깊은 사귐이 있습니다. 거룩한 자에게만 주어지는 하나님과의 거룩한 사귐이 있습니다.

거룩은 하나님의 존재방식입니다.
거룩한 자는 하나님을 봅니다. 우리가 하나님을 볼 때 우리는 더 이상 무력하지 않습니다. 우리가 하나님을 볼 때 우리는 더 이상 무능력하지 않습니다.

> "거룩한 능력으로 힘입지 않으면 아무 소용이 없다"
> (피터 와그너)

오직 거룩이 능력입니다.
거룩으로 옷입으십시요. 거룩이 능력이기 때문입니다.

"하나님을 따라 의와 진리의 거룩함으로 지으심을 받은
새 사람을 입으라"(엡 4:24)

"거룩한 영성을 추구하는 이유는 영향력 때문이다. 성자라고 불리우는 사람들을 연구해보면 그들의 동기가 항상 순수했던 사람들이다. 예수님의 영향력은 시대를 초월하고, 장소를 초월하고, 인종을 초월했다. 예수님의 영향력의 근본은 거룩에 있다.

세상을 움직이는 것이 물질, 권력, 섹스, 지식과 정보 같아 보이지만 정작 세상을 움직이는 것은 영적인 감화력이요, 거룩이다. 젊은 나이에 하나님의 부르심을 받은 로버트 머레이 멕체인이 강단에 올라섰을 때, 말 한마디 내뱉지 않았음에도 불구하고 사람들은 조용히 울기 시작했다고 한다. 그 영향력은 그의 거룩한 삶에서 나온 것이다. 그와 함께 밤을 보낸 한 사역자는 멕체인에게 깊은 감명을 받고 '아! 저 분은 내가 지금까지 본 사람 중에서 예수님을 가장 많이 닮은 분이다'라고 말했다.

멕체인의 전기를 쓴 스튜워트는 "멕체인은 지성소 안에 들어가 수시간을 기쁨의 찬양과 경배를 드리고 갈보리의 사랑으로 목욕한 다음 집집을 방문하며, 그리스도의 살아 있는 향기를 풍기기 위해 하나님의 존전에서 나온다. 그가 거리를 걸을 때 사람들은 그의 얼굴에서 예수님을 보고 놀란다"고 기록했다.

하나님은 거룩을 최고의 목표로 삼고 살아가는 사람을 찾고 계신다. 하나님은 사람들의 인기와 명성이 아닌 거룩한 영성을 추구하는 사람들을 찾고 계신다. 모든 사람들은 거룩함이 없이는 아무도 주를 보지 못하리라는 성경 말씀에 충격을 받아야만 한다" 18)

교회가 거룩한 교회가 될 때 세상은 교회를 통하여 분명히 하나님을 보게될 것입니다.

충성입니다. 충성이란 오롯이 하나님 앞에 서는 자세를 말합니다.

사람 앞에 서지 않고 하나님 앞에 서는 자세입니다.

"이제 내가 사람들에게 좋게 하랴 하나님께 좋게 하랴 사람들에게 기쁨을 구하랴 내가 지금까지 사람들의 기쁨을 구하였다면 그리스도의 종이 아니니라"(갈 1:10)

사람의 평가보다 사람의 시선보다 하나님의 평가, 하나님의 시선이 중요한 사람, 이러한 사람만이 성령의 사람입니다

하나님 앞에 서지 않고 끊임없이 사람 앞에 서고 사람에게 의지하는 미성숙한 교회는 결코 부흥이 있을수 없습니다.

---

18) "잊혀진 명령 거룩하라"(윌리암 맥도날드, 전도출판사)에서 인용

"방백들을 의지하지 말며 도울 힘이 없는 인생도 의지하지 말지니
그 호흡이 끊어지면 흙으로 돌아가서 당일에 그 도모가
소멸하리로다"(시 146:3-4)

"나 여호와가 이같이 말하노라 무릇 사람을 믿으며 혈육으로 그의
권력을 삼고 마음이 여호와에게서 떠난 그 사람은 저주를 받을
것이라 그러나 무릇 여호와를 의지하며 여호와를 의뢰하는 그
사람은 복을 받을 것이라"(렘 17:5,7)

온유입니다.

사회에서는 능력을 요구합니다 실력을 요구합니다 취업이나
진급에 있어서 사회는 능력있는 사람을 요구합니다 즉 사회
는 훈련받은 사람을 요구합니다.

그러나 여러분 우리가 분명히 기억해야 할것은 하나님이 요
구하는 능력은 오직 하나입니다. 그것은 온유입니다.

헬라어로 온유는 프라우스입니다 프라우스란 사나운 말에
재갈을 먹이듯 하나님과 성령께 그렇게 사나움과 혈기가 제
어받은 사람입니다. 하나님의 훈련의 최종 목표는 온유입니
다.

한 개인이 온유할 때 비로소 그때부터 그는 리더로 세워집
니다. 하나님의 리더는 능력과 실력을 요구되지 않습니다.

하나님의 리더는 오직 온유의 능력만이 요구됩니다.

비로소 우리가 온유할 때 그 사람의 가정의 리더, 교회의 리더, 하나님의 리더로 세워질수 있다 한 개인이 온유할 때 비로소 그때부터 그는 리더로 세워진다.

온유하지 않은 리더가 가정에 들어가면 가정이 깨집니다. 온유하지 않은 리더가 공동체에 들어가면 공동체가 무너집니다. 온유하지 않은 리더가 교회에 들어가면 교회가 분열됩니다.

오직 하나님이 요구하는 능력과 실력은 온유입니다.

온유하면 하나님이 비로소 하나님은 그 사람을 사용하십니다.

여러분 모세를 보십시요. 혈기 왕성하여 자신의 동족 히브리인을 괴롭히던 애굽인을 돌로 쳐죽일만큼 과격하고 거친 모세가 40년 광야 훈련을 통하여 철저히 온유한 사람으로 거듭났을때 하나님은 그를 비로소 수백만의 이스라엘의 지도자로 세우십니다.

"이 사람 모세의 온유함이 지면의 모든 사람보다 승하더라"
(민 12:3)

다윗의 온유함을 보십시오.

그는 자신을 끊임없이 죽이려 했던 사울왕을 죽일 수 있는 기회에서 하나님이 기름부은 자는 내가 함부로 손댈수 없다며 그를 해치지 않습니다.

그는 또한 자신의 정적인 사울 왕의 손자인 절름발이 므비보셋을 선대합니다. 심지어는 자신의 왕의 식탁에서 같이 밥을 먹게할만큼 그를 선대할만큼 그는 온유하였습니다.

성격이 급하고 혈기왕성하였던 베드로 역시 주님을 사랑하고 충성하는 마음에서 즉시 검을 빼어 대제사장의 종인 말고의 귀를 베어 버렸습니다.

> "이에 시몬 베드로가 검을 가졌는데 이것을 빼어 대제사장의 종을 쳐서 오른편 귀를 베어버리니 그 종의 이름은 말고라"
> (요 18:10)

그러나 이 베드로가 얼마나 온유하여집니까? 그는 마지막 순교시 십자가에 거꾸로 매달려 순교할 정도로 하나님의 뜻에 순종하는 온유한 자가 됩니다.

여러분 바울을 보십시요 우리는 바울이 얼마나 온유하였는지 역사적으로는 잘 알수 없지민. 그의 쓴 서신이 고전 13장을 보면 그가 얼마나 온유한 사람이었는가를 추론할수 있습니다.

"사랑은 오래 참고 사랑은 온유하며 투기하는 자가 되지 아니하며 사랑은 자랑하지 아니하며 교만하지 아니하며 무례히 행치 아니하며 자기의 유익을 구치 아니하며 성내지 아니하며 악한 것을 생각지 아니하며 불의를 기뻐하지 아니하며 진리와 함께 기뻐하고 모든 것을 참으며 모든 것을 믿으며 모든 것을 바라며 모든 것을 견디느니라" (고전 13:4-7)

특별히 우리는 우리의 믿음의 주이신 예수님의 온유를 본받 아야 합니다.

"내가 붙드는. 나의 종, 내 마음에 기뻐하는 자 곧 내가 택한 사람을 보라 내가 나의 영을 그에게 주었은즉 그가 이방에 정의를 베풀리라 그는 외치지 아니하며 목소리를 높이지 아니하며 그 소리를 거리에 들리게 하지 아니하며 상한 갈대를 꺾지 아니하며 꺼져가는 등불을 끄지 아니하고 진실로 정의를 시행할 것이며 그는 쇠하지 아니하며 낙담하지 아니하고 세상에 정의를 세우기에 이르리니 섬들이 그 교훈을 앙망하리라"(사 42:1-4)

"욕을 당하시되 맞대어 욕하지 아니하시고 고난을 당하시되 위협하지 아니하시고 오직 공의로 심판하시는 이에게 부탁하시며" (벧전 2:23)

"온유한 자는 복이 있나니 그들이 땅을 기업으로 받을 것임이요"(마 5:5)

"오직 온유한 자는 땅을 차지하며 풍부한 화평으로 즐기리로다"
(시 37:11)

마지막으로 절제입니다.
절제는 브레이크와 같습니다. 브레이크가 없는 자동차는 좋은 차가 아니라 살인무기입니다.

그리스의 철학자인 '에픽테투스'는, "사람이 철저하게 자기 자신을 다스릴 때까지는 결코 자유롭지 못하다"고 했습니다. 고사성어에도 과유불급이라는 말이 있습니다.

바울 사도는 절제의 중요함을 가르치고 있습니다. 경주하는 자가 자신을 절제하는 것이 이기는 지름길이라고 그는 말합니다.

"이기기를 다투는 자마다 모든 일에 절제하나니 저희는 썩을 면류관을 얻고자 하되 우리는 썩지 아니할 것을 얻고자 하노라... 내가 내 몸을 쳐 복종하게 함은 내가 남에게 전파한 후에 자기가 도리어 버림이 될까 두려워함이로라"(고전 9:25, 27)

베드로 사도는 그리스도인의 덕목에 대해 말하면서 "이러므로 너희가 더욱 힘써 너희 믿음에 덕을, 덕에 지식을, 지식에 절제를, 절제에 인내를, 인내에 경건을"(벧후 1:5-6) 공급하라고 합니다.

앞의 성령의 9가지 열매에도 절제가 필요합니다. 절제는 앞의 모든 성령의 8가지의 열매와 역사의 마무리이며 데드라인입니다.

## 하인리히 법칙

하인리히라는 법칙이 있습니다
하인리히 법칙은 1931년 허버트 윌리엄 하인리히가 펴낸 이라는 책에서 소개된 법칙입니다. 이 책이 출간되었을 당시 하인리히는 미국의 트래블러스 보험사의 손실통제 부서에 근무하고 있었습니다. 업무 성격상 수많은 사고를 접했던 하인리히는 산업재해 사례 분석을 통해 통계적 법칙을 발견했습니다.

그것은 산업재해가 발생하여 중상자가 1명 나오면, 그전에 같은 원인으로 발생한 경상자가 29명, 같은 원인으로 부상을 당할 뻔한 잠재적 부상자가 300명 있었다는 사실이었습니다.

그래서 하인리히 법칙을 1:29:300법칙이라고도 부릅니다. 큰 사고는 우연히 갑작스럽게 발생하는 것이 아니라 그 이전에 반드시 작은 사고들이 반복되는 과정 속에서 발생합니다. 큰 사고는 항상 사소한 것들을 방치할 때 발생한다는 것입니다. 사소한 문제가 발생했을 때, 그 원인을 파악하고 잘못된 점을 고치면 큰 사고를 방지할 수 있습니다. 그러나 작은 경고에도 이를 무시하면 돌이킬 수 없는 큰 사고가 일어납니다.

여러분의 교회에 성령의 9가지 강력한 열매가 맺히지 않는다면 교회는 결단코 부흥될수 없습니다. 그 부족한 열매 때문에 교인들은 떠나고 교회는 부흥을 절대 경험할수 없습니다

# ※ 진단 점검 사항 ※

❶ 당신의 교회에 사랑의 성령의 열매가 맺혀있다고 생각하나요?

❷ 당신의 교회에 기쁨의 성령의 열매가 맺혀있다고 생각하나요?

❸ 당신의 교회에 화평의 성령의 열매가 맺혀있다고 생각하나요?

❹ 당신의 교회에 오래참음의 성령의 열매가 맺혀있다고
생각하나요?

❺ 당신의 교회에 자비의 성령의 열매가 맺혀있다고 생각하나요?

❻ 당신의 교회에 양선의 성령의 열매가 맺혀있다고 생각하나요?

❼ 당신의 교회에 충성의 성령의 열매가 맺혀있다고 생각하나요?

❽ 당신의 교회에 온유의 성령의 열매가 맺혀있다고 생각하나요?

❾ 당신의 교회에 절제의 성령의 열매가 맺혀있다고 생각하나요?

❿ 당신의 교회에 위의 성령의 9가지 열매가 풍성히 맺혀있다고
생각하나요?

"많은 사람들이 지식을 가지고 잠시 성공한다.
몇몇 사람들이 행동을 가지고 조금 더 오래 성공한다.
소수의 사람들이 인격을 가지고 영원히 성공한다"
(존 맥스웰)

"태도는 나의 과거를 보여주는 도서관, 나의 현재를
말해주는 대변인, 나의 미래를 말해주는예언자, 인생이
우리를 대하는 태도는 내가 인생을 대하는 태도에
달려있다. 태도가 결과를 결정한다"(존 맥스웰)

# 부흥의 파도

## 제 9원리

### 당신의 교회의 부흥을 원하십니까?
### 당신의 교회의 신학을 점검하십시오

왜 교회의 부흥에 신학이 중요할까요? 그 원리는 간단합니다.

교회 부흥과 성장의 주인이신 성령은 바로 진리의 영이시기 때문입니다.

"그는 진리의 영이라 세상은 능히 그를 받지 못하나니 이는 그를 보지도 못하고 알지도 못함이라 그러나 너희는 그를 아나니 그는 너희와 함께 거하심이요 또 너희 속에 계시겠음이라"(요 14:17)

또한 교회의 머리이신 예수그리스도는 진리가 충만하신 분입니다.

> "말씀이 육신이 되어 우리 가운데 거하시매 우리가 그 영광을 보니 아버지의 독생자의 영광이요 은혜와 진리가 충만하더라"
> (요 1:14)

더욱이 하나님 아버지의 말씀도 진리입니다.

> "저희를 진리로 거룩하게 하옵소서 아버지에 말씀은 진리니이다"(요 17:17)

신학이란 성경의 바른 가르침들을 하나의 조직적이고 체계적인 진리의 틀거리로 만든 것입니다.

신학이라는 틀거리가 필요한 이유는 이단들은 성경이 말하는 진리 중에 하나를 침소봉대하며 그것이 마치 진리의 전부인냥 극단화하여 성경의 전체 진리를 왜곡시키며 성경의 통일된 일관성을 파멸시키며 이단의 사상으로 진화되기에 성경의 진리를 보호하며 진리의 통일성을 체계적으로 세우기 위하여는 신학의 필요성은 절대적이라고 할수 있습니다.

구원에 대한 편협된 진리만을 극대화하여 세워진 구원파 이단, 요한계시록 중심으로 종말사상을 만을 극대화하여 세워진 신천지 이단, 구약의 율법만을 강조하여 세워진 여호와의 증인과 하나님의 교회와 안식교 이단 등을 보면 쉽게 이해될수 있습니다.

신학의 역사는 수많은 교회이단들의 그릇된 신앙에 대항하여 바른 신앙을 보호하기 위한 교회의 응답의 역사라고 할 수 있습니다.

"해아래 새것이 없다"는 전도서 기자의 고백과 "역사는 반복된다"는 역사학자들의 역사명제를 같은 명제라고 본다면, 현재 활동하는 수많은 이단들 역시 교회의 역사에서 반복되어진 수많은 이단들의 재현판이라는 것에는 이견이 있을수 없습니다.

위에서 살펴본 바와 같이 성령은 진리의 영입니다. 예수 그리스도께서는 진리가 충만하신 분입니다. 하나님 아버지의 말씀은 진리입니다. 그러한 의미에서 바른 신학, 바른 진리가 선포되지 않는 교회의 부흥은 요원한 것입니다.

바른 신학, 바른 진리가 선포 되어진다는 것은 다른 의미로는 교인들에게 필요한 다양하고 풍성한 말씀이 선포되어지는 것을 의미하기도 합니다.

우리 몸에도 영양소 결핍이 일어나면 그에 따른 심각한 신체 질병이 일어나듯이 바른 신학이 선포되어진다는 것은 교인들에게 필요한 다양하고 풍성한 성경 곳곳에 말씀이 선포

되어지는 것을 의미하기도 합니다.

만일 목회자가 성경 곳곳의 풍성한 말씀을 완전히 훈련하여 구비하지 않는다면 그러한 영적 영양소가 부족한 말씀이 선포되어진다면 그리스도의 몸인 교회는 심각한 영양 결핍에 걸려 심각한 영적 질환을 앓는 상태인 것입니다. 그러한 교회가, 그러한 그리스도의 몸인 교회가 과연 성장할수 있을까요?

사실은 어떤 목회자들을 보면 어떤 의미로 보면 위험한 이단사상의 신학을 가지고도 있을수 있다는 것을 우리는 경계해야 합니다. 이러한 현상은 당 목회자가 성경 전체를 완전히 숙지하지 못하여 상당히 낮은 수준의 신학을 소유하고 있는 경우이며 오히려 잘못된 이단적 신학사상으로 소경이 소경을 인도하는 셈이 되지 않는다고 누가 자신할수 있습니까?

예수님도 마태복음 7장에서 바른 신학인 반석위에 주추를 놓치 않는 경우 비가 내리고 창수가 나고 바람이 불어 그 집에 부딪치매 무너져 그 무너짐이 반드시 있을 것이며 바른 신학 위에 주초하지 않은 경우 거짓선지지와 이단들이 판을 치게 됨을 경고하십니다.

 "나더러 주여 주여 하는 자마다 다 천국에 들어갈 것이 아니요 다만 하늘에 계신 내 아버지의 뜻대로 행하는 자라야 들어가리라.

그 날에 많은 사람이 나더러 이르되 주여 주여 우리가 주의 이름으로 선지자 노릇 하며 주의 이름으로 귀신을 쫓아 내며 주의 이름으로 많은 권능을 행하지 아니하였나이까 하리니 그 때에 내가 그들에게 밝히 말하되 내가 너희를 도무지 알지 못하니 불법을 행하는 자들아 내게서 떠나가라 하리라. 그러므로 누구든지 나의 이 말을 듣고 행하는 자는 그 집을 반석 위에 지은 지혜로운 사람 같으리니 비가 내리고 창수가 나고 바람이 불어 그 집에 부딪치되 무너지지 아니하나니 이는 주추를 반석 위에 놓은 까닭이요 나의 이 말을 듣고 행하지 아니하는 자는 그 집을 모래 위에 지은 어리석은 사람 같으리니 비가 내리고 창수가 나고 바람이 불어 그 집에 부딪치매 무너져 그 무너짐이 심하니라" (마 7:21~27)

바른 신학이 세워진다는 것은 목회자가 훈련이 안되어 성경의 몇몇 단순한 진리에만 매몰되어 있는 것이 아니라 성경 곳곳의 풍성한 말씀을 완전히 훈련하고 구비하여 성경이 말하는 모든 진리의 영양소들을 풍성하게 전달할수 있는 영적 상태인 것입니다.

이러한 교회는 반드시 성장합니다. 목회자가 성경 곳곳의 풍성한 말씀을 완전히 훈련하고 구비하여 성경이 말하는 모든 진리의 그리스도의 몸인 교회에 영양소들을 풍성하게 전달하는데 그러한 교회가 어찌 성장 안될수 있겠습니까?

성장하지 못하는 교회들을 보면 교인들이 목회자의 성경과 신학 수준이 상당히 낮은 편입니다. 그러나 반대로 성장하는 교회의 특징은 목회자가 성경 전체를 완전히 숙지하고 있으며 그에 따라 상당히 높은 수준의 바른 신학을 소유하고 있다는 것입니다.

특별히 사랑의교회 옥한흠 목사의 설교는 신학적으로 바르고 정확합니다. 제자훈련 교재를 보면 3분의 2가 교리에 대한 것입니다. 교리적인 기초가 아주 훌륭하기에 제자훈련이 힘이 있는 것입니다.

그리고 메시지도 요즘 유행한다고 따르는 것이 아니라 성경이 말씀하고자 하는 것이 무엇인지 여과없이 그대로 노출해서 용기있게 청중들에게 전달합니다. 성령은 진리의 영이시기에 신학적인 교리(진리)의 정확성에 근거한 설교에 성령하나님의 인도하심이 임하고, 교회는 성령님이 임하시는 교회가 되어지는 것입니다.

조나단 에드워즈는 "신학은 신앙이라고 하는 가장 큰 일과 관련된 모든 진리와 법칙을 포함하는 학문 또는 교리입니다"라고 말하였습니다.


## 신학의 중요성

심현찬 목사(워싱턴 트리니티연구원 원장)는 신학의 부재로 인한 심각성을 다음과 같이 지적합니다.[19]

"총체적 신학에 대해서 무지해요. 극단적 은사주의, 지성주의, 파편화된 신앙과 신학.... 부분적이에요. 구약은 잘 아는데 신약은 몰라요, 창세기는 예를 들어 대가인데 계시록은 몰라요.밸런스를 놓친 거예요. 신학은 필요없다. 성경만이 최고다. 굉장히 성경주의자 같지요? 그것만큼 위험한 생각이 없어요. 건강한 신학이 없이는요, 신학을 제대로 읽어낼 수 없어요. 신앙을 가질 수가 없어요. 성경을 제대로 읽어낼 수가 없어요"

그는 계속해서 신학의 중요성을 아래와 같이 기술합니다

"그렇다면 신학은 무엇이냐, 생각해 보자는 겁니다.
첫번째는, 신학은 기독교의 문법이다(Grammar & Rules).

한마디로, 신학은 일종의 '기독교의 문법'(The Grammar of Christianity)이기 때문입니다.

우리가 영어나 외국어를 공부할 때면, 처음으로 시작하는 게 뭡니까? 기본적으로 문법을 공부합니다.그 이유는 각 언어에 대한 기본 이해와 함께 그것을 사용하기 위함이요. 나아가 영어와 외국어를 통해서, 또 다른 세계를 읽어내는 거예요. 새로운 세계에 대한 원대한 비전을 맛볼 수 있기 때문입니

---

19) 이후 "크리스찬과 신학: 신학의 유익과 즐거움"
   (심현찬 목사)에서 인용

다.

영어를 몰랐을 때는 한국어만 알아가지고 한국어 성경을 읽을 때는 잘 모르거든요 그런데 영어성경을 읽으면 한 차원 더 넓어져요.이차원이 되지요. 그 다음에 원어로 읽으면 삼차원, 사차원 늘어나는 거예요. 독일어나 프랑스어를 하게되면 오차원 육차원을 리딩하는 거예요.

그렇다면 하나님에 대해서, 우리 신앙에 대해서 어떻게 됩니까? multi-perspective로 우리가 볼 수 있는 거예요. 그러니까 신학이라하는 것은 무엇이냐, 한마디로 말하면 성경의 Grammar예요.

쉽게 말하면 뭐예요, 엑기스예요, 엑기스! 많은 책이 있는데 그 중에 있는 것을 다 요약해 놓은 거예요. 그래서 여러분, 좋은 신학책을 한 권 리딩하는 것이 얼마나 중요한지 몰라요. 좋은 신학책 하나 읽으면 얼마나 유익인지 몰라요.

우리가 삼위일체 하나님과 그 분의 나라, 그리고 구원의 비밀을 진지하게 알기 위해서는 영적 문법과 같은 안내서가 필요한 것입니다.

두번째, 신학이란 지도(Map)와 같습니다.
이런 점에서 C.S.Lewis(씨 에스 루이스)의 관점은 유익합니다.

그가 '순전한 기독교'(Mere Christianity)를 저술할 때, 그 책의 마지막 부분인 삼위일체에 대해서, 많은 친구들이 왜 일반 성도, 독자들에게 신학이란 골치아픈 내용을 소개하느냐며, 반대했습니다.

이 때, 루이스가 대답하길, 모든 성도들도 독자들도 알아야된다. 왜? 신학이란 마치 하나님에 대한 '지도'와 같기 때문이라고 했습니다. 지도는 '수많은 사람들이 이미 대서양을 발견한 사실에 토대를 두고 있다는 사실이요' 지도를 통해 하나님에 대해서, 하나님의 나라에 대해서, 하나님의 원대한 비전에 대해서, 구원에 대해서 알 수있다는 것이지요. 요즘은 지도가 아니라 GPS 겠지요. 신학은 지도와 GPS와 같은 거예요. 우리를 가이드 해주는거예요.

왜 루이스가 그런 이야기를 하냐면, 지도는 이미 갔던 사람들이 자기네들이 갔다 온 사실, 그 Fact를 적어놓은 것에 근거하기 때문입니다.

우리가 여행할 때는 지도가 '절대로 필요하다는 사실'입니다. 우리 기독교는 철저히 Fact, 사실에 기초하는 종교라는 것입니다. 이것을 요약해 놓은 것이 신학이고 가이드 해주는 것이 지도입니다.

지도가 있으면 얼마나 편합니까, 여행할 때 지도 한 장만 있으면 되지요. 내가 예를 들어 성지 순례를 가고 싶으면 지도 하나만 있으면 돼요. 선교지도 지도 하나만 있으면 되지요. 지도 없으면 전문가를 데리고 가면 되고요. 가이드를 데리고 가면 되지요.

신학은 우리의 영적인 지도와 같다는 겁니다.
그러면 신학이 당연히 즐겁고 당연히 필요하고 절대적인 거예요. 그래서 루이스는 일반 독자와 성도들에게도, 신학을 통해서 하나님과 기독교에 대한 순전한 기독교(mere Christianity) 를 소개한 것입니다.

세번째, 신학은 성경 해석의 보호자(guardian)이다(로이드 존스)

현대에 들어와서, 에드워즈의 현대적 후계자라고 할 수 있는 로이드 존스 또한 신학 공부의 중요성에 대해서, "모든 목회자와 나아가서 우리 모든 성숙한 성도들은 살아있는 한 계속해서 신학 서적을 읽어야 한다"고 그의 '설교와 설교자'에서 강조합니다.

주목할 점은, 그는 교리와 신학의 역할은, '설교의 정확성을 지켜주고, 성경을 읽을 때 잘못 해석하지 않도록 보호해준다'고 주장합니다. 다른 말로, 신학이란 설교와 신앙에서, '건강한 해석의 가디언'이라는 것입니다.

우리가 무엇을 잘못했을 때, 그것을 보호해 주고 안내해 주는 겁니다. 신학이야말로 얼마나 좋은 거예요. 신학이 없다면 우리가 해석할 때에 이리 간다하고 저리간다 하고 정신없어요. 그런데 건강한 신학이 있으면 그것을 좇아가면 되는 거예요. 왜냐하면 우리를 인도하고 보호해 주니까요. 좋은 신학, 성경에 기초한 건강한 신학을 알면 우리의 신앙이 어떻게 됩니까? 건강하게 자랄 수 있다는 거지요.

우리가 좀 더 나가서 신학을 생각할 때 가장 기초적인 것은 무엇이냐는 것입니다. '신학의 기초는 경건이다'라는 거지요. 경건은 하나님에 관한 지식의 필수 조건입니다. 하나님을 아는 지식에는 목적이 있는데 그것은 '하나님을 경외하고 예배'하는 데까지 가는 것입니다.

신학의 목적은 바로 하나님을 경외하고 예배하도록 인도하는 일입니다.

마지막으로, 신학이란 성도의 존재 목적과 소명에 관련된 것이다 (being or calling-조나단 에드워즈).

18세기 미국 대각성 운동의 리더였던, 조나단 에드워즈의'신학공부의 중요성과 유익'이라는 매우 탁월한 설교가 있습니다(The Importance of and Advantage of a Through Knowledge of a Divine Truth)

그 설교에서 신학 공부의 중요성과 그 유익에 대해서 잘 지적했습니다. 그 분이 우리가 처음에 읽었던 히브리서 5장 12절을 통해서 이렇게 이야기 합니다.

"사도는 성도들에게 기독교 교리와 신앙의 비밀을 아는 지식이 결핍됨을 책망한다. 이것은 단순한 영적, 체험적 지식의 부족이 아니라, 신학적 진리에 대한 교리적 지식의 부족이다. 아울러 체험적인 신앙과 함께 교리적 지식의 중요성을 강조해야만 한다"

"때가 오래므로 너희가 마땅히 선생이 될터인데 너희가 다시 하나님의 말씀의 초보가 무엇인지 누구에게 가르침을 받아야 할 것이니 젖이나 먹고 단단한 식물을 못 먹을 자가 되었도다"
(히 5:12)

이 설교에서의 주제는 '모든 성도는 신학 지식이 증가하도록 열심히 노력해야 한다'는 겁니다.

"신학이란, 우리 존재의 목적에 관련된 것이며 우리가 창조된 목적에 관련된 가장 위대한 일에 대한 것이다. 따라서 모든 그리스도인은 신학 지식은 절대적으로 필요한 것이다. 다른 어떤 학문 분야의 지식보다 무한히 더 유익하며 중요하다."

그러면서 마지막으로 이렇게 이야기 합니다.
"우리 성도는 소명을 위한 지식을 얻기 위해 노력해야 한다."

우리 성도들의 소명은 무엇입니까? 하나님을 알아가는 거예요. 하나님을 닮아가는 거예요. 하나님을 닮아가기 위해서 어떻게 합니까? 하나님을 알아야 된다는 거지요.

우리의 소명과 신학적 지식은 밀접한 겁니다. 내가 그리스도 안에서 붙들림을 받았다고 한다면, 하나님께 불림을 받았다면, 하나님을 아는 지식에서 당연히 하나님 앞에 다 드리는 거지요

가스펠 코어리션 운동이 있는데, 존 파이퍼, 돈 카슨, 이런 분들이 중심이 되어 있습니다. 이분들의 모토가 무엇이냐 하면,목회자는 신학자, 신학자는 목회자 (pastor as scholar, scholar as pastor)입니다. 여기에서 학자를 이야기하면 학위 있는 사람을 말하는 게 아니라, 하나님의 지식에 충만한 사람을 말하는 거예요.

우리 모두가 하나님의 말씀에 깊이 들어가면 모두 다 스칼라예요. 여기에서 말하는 스칼라는 학위가 있는 것을 얘기하는 게 아녜요. 그러니까 신학이 있는 신앙, 신학이 있는 목회, 신학이 있는 선교, 신학이 있는 신앙을 얘기하는 거예요.

즉 참된 목회자, 리더, 성도들은 성경에 대한 깊은 지식의 학자를 추구해야 합니다.

에드워즈의 후계자인 로이드 존즈는, 참된 설교란 '불타는 논리요, 불타는 신학이다'('logic on fire,' 'theology on fire')고 주장합니다.

그는 심지어 '불붙지 않은 신학은 결함이 있는 신학이다'고 강조합니다. 다시 말해서, 설교란 '불타는 인간에게서 나오는 신학이다'라는 것이지요.(Preaching is theology coming through a man who is on fire). 내가 불이 타고 있는 거예요. 그 사람에게서 나오는 것이 참된 신학이에요. 참된 설교예요.

조나단 에드워즈는 'heat and light' 이라고 했지요. 열이 있어야 해요. 성령의 은혜가 충만해야 돼요. 또 'light'이 있어야 돼요. 그것은 말씀이에요, 지식이에요. 이 둘이 같이 가야 돼요! 요약하면, 성령으로 인한 불과 성경으로 인한 지성이자 신학이란 두 요소의 통합, 즉 성령 충만한 지성인 것입니다.

이론과 실천의 균형의 신학입니다.

신학의 두 종류. 이론적 지식, 영적 지식, 두 종류의 신학이 균형이 필요합니다. 영적 실천적 신학이 가장 중요하지만, 이론적이고 자연적 신학도 추구해야 합니다.

그래서 몇몇 신학자들은 '튜레친과 마스트리히', 참된 신학이란 '이론적이고 실천적인 신학'이라고 강조합니다"

## 보수적 신학관의 중요성

특히 교회는 보수적인 신학관을 가질때 성장합니다

캐나다 온타리오주의 윌드리 드로리어 대학(Wilfrid Laurier University)과 리더머대학(Redeemer University College)은 '교회 성장과 신학'과의 상관관계에 대한 5년간의 연구 결과를 발표했는데 그 대학의 데이빗 해스켈 교수는 1960년대 이후 미국과 캐나다의 주류 개신교회들이 몰락해 왔다는 점을 지적하며 "이처럼 주류 교회들이 몰락하고 있는 와중에도 성장을 계속하고 있는 교회의 비결과 관련한 수수께끼를 풀었다"라며 "성장의 열쇠는 교인들과 목회자의 '보수적 신학적 신앙'이었다"고 주장합니다.

조사에 참가한 단체들은 이번 조사를 위해 온타리오주의 성공회, 루터란, 연합 교회등 2,200명 이상의 교인들을 대상으로 40여개의 질문에 대한 광범위한 조사가 실시했으며, 설문 조사에 참가한 교인들이 다니는 목회자와의 인터뷰도 진행했다고 발표했다고 합니다.

해스켈 교수는 "이번 조사에서 흥미로운 사실은 교세가 감소해 온 교회의 목회자와 교인들은 사회적 변화가 교회 역할의 감소로 이어졌다고 불평한 반면, 성장한 교회 구성원들은 기도와 성경 읽기와 같은 전통적 신앙을 고집하고 있었다는 점이다"고 분석했습니다.

그는 성장한 교회의 목회자와 교인들은 '성경의 문자적 해석' '하나님의 세상에 대한 간섭'을 더욱 폭넓게 받아들이고 있다는 점도 지적됐습니다.

예를 들어 '예수께서는 무덤에서 진짜 육신으로 부활하셨다'는 정의에 대해 성장하는 교회의 목회자들은 93%가 동의한 반면, 침체를 겪는 교회의 목회자들은 56%가 동의했다고 조사된 것입니다.

또한, 성장하는 교회의 목회자들은 71%가 매일 성경을 읽는다고 밝힌 반면에, 침체되는 교회의 목회자들은 19% 정도에 그쳤다는 점도 지적됐습니다.

전통적으로 카톨릭 국가로 분류되는 프랑스에서 불과 50년 전에만 해도 존재감조차 없었던 프랑스 복음주의 교회가 반세기 정도 지난 2015년을 기준하여 2440개의 교회를 회원으로 둔 교회연합체로 탄생했습니다. 특히 주목할 만한 것은 1970년도 당시 769개의 교회가 있었지만, 그 이후 1600개의 새로운 복음주의 교회가 추가적으로 개척되어 세워진 사실입니다. 즉 매년 35개의 새 교회가 세워지고, 10일에 한 개 교회가 세워지는 놀라운 현상이 벌어지고 있습니다.

1945년에 불과 5만 명에 불과한 복음주의 교인들이 현재 12배가 성장하여 약 60만 명의 성도로 구성되어 있습니다. 이런 성장 추세는 앞으로도 계속될 것으로 전망이 됩니다. 프랑스의 복음주의 교회는 일만 명의 주민 당 1개의 복음주의 교회를 세우자는 슬로건을 내걸고 도전하고 있습니다.

복음주의 기독교 교회는 불과 반세기만에 현재 전통적인 역사적 교회인 루터교회와 개혁교회가 합한 수 보다 2배가 넘는 교회 수로 성장했습니다. 교인 수는 전체의 30퍼센트를 상회하고 있습니다.

영국 역사가 배빙톤(David Bebbington)은 복음주의의 주된 특징을 다음과 같은 4가지 공통된 요인으로 요약하고 있습니다. 이 요인들은 프랑스 복음주의 기독교의 신앙과 일치하는 것으로 보입니다.

첫째는 성경주의(biblicisme)이다. 즉 성서를 신앙의 궁극적인 권위로 신뢰하고, 절대적인 진리로 믿고, 규범으로 받아들인다. 성경 말씀을 신앙의 본질적인 요소로 삼고 있을 뿐만 아니라 삶의 각 분야에서 적용한다. 그리고 모든 신자가 성경을 직접 읽고 영접하는 것이 중요하다고 본다. 인위적인 중재 역할을 배제한다. 성경 이야기에 대한 은유적 해석을 피한다.

둘째는 십자가 중심주의(crucicentrism)이다. 그리스도의 십자가 고난을 통한 구속 사역에 초점을 둔다. 19-20세기 초 프랑스 복음주의 기초를 세운 뤼방 싸이앙(Ruben Saillens) 목사는 "십자가가 언급이 없는 설교는 큰 가치가 없다"고 말한 바 있다. 이처럼 프랑스 복음주의 기독교도 근본적으로 그리스도 중심적이다.

셋째는 회심주의(Conversionism)이다. 삶을 변화시키는 종교적 체험과 중생을 강조한다. 곧 영적으로 거듭나지 아니하면 어느 누구도 기독교인이 될 수 없다고 믿는다. 복음주의 기독교는 예식을 통한 신앙 전수가 아니라, 각 신자의 개인적인 회심과 체험적인 신앙의 필요함을 역설한다.

넷째로 활동주의(engagement, militantism)이다. 복음전파에 관심을 둔다. 복음전도의 우선권을 두고 전도와 선교를 강조한다. 그 결과로 회심의 역사가 일어나고, 회심한 신자는 적극적인 신앙생활을 한다. 현재 프랑스의 복음주의 기독교인은 개신교 인구 중 30퍼센트 이상이고, 총 인구의 1퍼센트도 채 안 되는 소수에 불과하다. 그러나 프랑스 사회가 이들에 대한 관심을 가지는 이유는 활동주의적 특징 때문이다.

미국에는 교회가 한 30-40만개가 될 정도로 많습니다. 알다시피 그 나라는 기독교를 믿는 나라이고, 기독교 사상이 뿌리가 되어서 발전한 국가입니다. 헌법에서부터 시작해서 모든 가치관이 성경에 기초하고 있을 정도입니다. 그런데 미국 기독교 중 대형 교단이라고 할 수 있는 감리교, 장로교, 회중교회 등과 같은 교단들이 60, 70년대부터 계속 쇠퇴하고 있습니다.

이것을 놓고 로버트 핑크라는 학자는 왜 큰 교단들에서 계속 성도들이 빠져나가 힘을 잃어가고 있는지 연구하여 책을 발간했습니다. 그 책을 읽다 보면 대답이 아주 간단합니다. 교인들에게 너무 적은 것을 요구했기 때문에 큰 교단들이 쇠퇴했다는 것입니다. 바꾸어 말하면 교인들이 세상에 나가서 사람들에게 이질감을 주지 않으려고 애를 썼다는 말입니다. 교회들이 사람들에게 거부감을 주지 않는 예수 믿는 사람의 모습을 보여 주려 애를 썼다는 말입니다.

따라서 적게 요구할 수밖에 없는 것입니다. 많이 요구하면 세상 사람들과 구별된 신자가 될 수 있는데, 적게 요구하므로 세상 사람과 비슷해지는 것입니다. 교회 나름대로는, 그런 식으로 신사적인 이미지를 심으면 세상 사람들이 교회에 대해서 매력을 느낀 나머지 교회를 찾아 나올 것으로 생각했던 것입니다.

그런데 결과는 완전히 반대였습니다. 적게 요구해서 성도들이 세상 사람들과 컬러가 비슷해지자, 성도들이 먼저 교회를 빠져나가기 시작하고 세상 사람들도 교회에 대해서 매력을 잃어버리는 것을 보게 된 것입니다. 그래서 회중교회의 경우 1987년 한 해 동안 170만 명이 그 교단에서 빠져 나가 버렸습니다. 물론 지금도 계속 감소되고 있는 실정입니다.

반면에 90년대에 들어와 미국에서 아주 괄목할만한 성장을 한 교회 500여 개를 조사한 결과 이런 결과가 나왔습니다. 성도들에게 많은 것을 요구하고 강하게 요구하기 때문에 교회가 부흥했다는 것입니다. 그 말은 성도들로 하여금 세상에 나가서 컬라를 분명히 하며 살도록 교회가 가르쳤다는 것입니다. 거부반응을 일으킬지 모르지만, 성도답게 살도록 성도들을 바로 세우는데 온 교회가 힘을 집중했더니 교회가 강해진 것입니다. 달라진 성도들의 모습이 세상 사람들에게 감동을 주어 교회를 나오는 사람들이 많아지다 보니 자연히 교회가 부흥했다는 것입니다.

# ※ 진단 점검 사항 ※

❶ 목회자 본인은 성경이 무오하다는 것을 믿습니까?

❷ 신학교 재학시절 철저한 신학 훈련을 받으셨습니까?

❸ 성경을 늘 깊이 연구하는 편입니까?

❹ 성경을 자주 통독하십니까?

❺ 목회자 본인은 보수주의적 신학관을 가지고 계십니까?

❻ 교회에 '평신도를 위한 조직신학' 강좌가 있습니까?

❼ 교회에 '이단 대비를 위한 교리'강좌가 있습니까?

❽ 교회에 제자훈련 교육이 잘 이뤄지고 있습니까?

❾ 목회자 본인은 존경하는 신학자가 있습니까?

❿ 목회자 본인은 새로운 신학의 흐름에 대하여 깊은 관심을 가지고 있습니까?

"신학이란 성도의 존재 목적과 소명에
관련된 것이다" (조나단 에드워즈)

부흥의 파도

# 제 10원리

당신의 교회의 부흥을 원하십니까?
당신의 교회의 전도와 양육을 점검하십시요

"성경은 처음부터 끝까지 선교의 책이다"(피터 와그너)

구약도 선교의 책입니다.

1단계로 "이방인들"이 이스라엘의 회중에 드는 것이 허용되었습니다. 이스라엘 자손이 애굽에서 나올때 중다한 잡족이 그들 무리에 가입했었습니다(출12:38). 솔로몬 시대에는 이방인들의 수가 153,600명에 달하고 있습니다(대하2:7). 룻기는 이러한 이방인들이 이스라엘 회중에 동화되는 과정을 그린 아름다운 실례입니다.

2단계로 모든 나라들이 이스라엘의 하나님에게로 불려오는 것을 선지자들이 예언했습니다. 이사야와 다른 예언자들이 본 환상은 이방 나라들이 주님의 말씀을 듣고 그의 이름을 부르며 기도하기 위해 예루살렘으로 모여드는 장면을 그리고 있습니다. 이스라엘의 선교적인 역할에 있어 마지막이자 세번째 단계는 유일하신 참하나님을 아는 지식이 온 세계에 편만한 단계입니다.

3단계로 포로시대 이스라엘의 선교적 역할은 원심적인 성격으로 점점 변모하게 되었습니다. 역사상 최초 이스라엘은 이방 나라들로부터 개종자를 얻는 일에 능동적으로 참여하게 됩니다. 요세푸스에 따르면, 종종 유대인들은 헬라인들을 개종시키기 위해 그들의 예배 의식에 유인하려고 애를 썼다고 합니다.

개종자에는 두가지 부류가 있었는데, 하나는 철두철미한 개종자(proselyte), 또 하나는 하나님을 경외하는 자였습니다 (God-fearer). 이처럼 구약성서는 첫 장부터 마지막 장까지 하나님의 온 인류를 향한 구원의 관심이 충만히 내재해 있는 선교적인 전망을 띤 책인 것입니다.

신약성경은 구원의 복음을 온 세상에 알리는 선교의 책입니다. 신약의 4복음서는 선교적 설교의 산 기록이며, 사도행전은 선교적 교회의 모델이며, 바울의 서신서는 복음을 철학적으로 변호하는 변증서가 아니라, 선교의 기록인 것입니다.

예수님께서 세상을 떠나시면서 제자들과 이 세상에 등장할 하나님의 교회를 향해 복음을 전하라는 특별한 명령을 내리셨습니다. 복음을 전하되 소규모가 아닌 모든 민족에게 온 세상 땅 끝까지 복음을 전하라고 말씀하셨습니다. 그런데 이 명령이 굉장히 엄숙한 명령이기에 학자들은 대사명, 제일 큰 명령이라고 별명을 지어 부릅니다.

신약성경에는 이 지상명령이 약 5회 반복해서 기록되어 있습니다. 잘 알다시피 마태복음 28장 19절에 '너희는 가서 모든 족속으로 제자를 삼아'라고 말씀합니다. 모든 족속에게 복음을 전해서 예수님의 제자를 삼으라고 했으니 대단한 것입니다.

그리고 마가복음으로 넘어가면 16장 15절에 '너희는 온 천하에 다니면서 복음을 전파하라'라고 말씀합니다. 또 누가복음 24장 47-48절에서는 간접적으로 복음을 전하도록 명령합니다.

구약에 기록한 대로 '죄 사함을 얻게 하는 회개가 예루살렘으로부터 시작해서 모든 족속에게 전파될 것이 기록되었으니 너희는 이 모든 일의 증인이라.' '이 모든 일에 너희가 증인'이라는 말은 '너희는 이 복음을 땅 끝까지 전하는 사람이 되어야 된다.'는 명령이 그 속에 포함되어 있습니다.

그리고 요한복음 20장 21절에는 '아버지께서 나를 보내신 것 같이 나도 너희를 보내노라.'라고 말씀합니다. 곧 '파송한다.'는 말씀을 하시고, 드디어 클라이맥스인 사도행전 1장 8절에 이르면 '오직 성령이 너희에게 임하시면 너희가 권능을 받고 예루살렘과 온 유대와 사마리아와 땅 끝까지 이르러 내 증인이 되리라.'고 말씀합니다. '땅 끝까지 내 증인이 되리라'는 말은 '내 증인이 되라'는 명령이 그 속에 포함되어 있습니다.

십자가에 죽으시고 부활하신 예수 그리스도는 하늘의 권세와 땅의 권세를 하나님으로부터 위임 받은 최고의 통치자요, 최고의 권력자입니다. 이 왕 중의 왕이 우리를 향해서 이렇게 마지막으로 명령하셨습니다. '땅 끝까지 복음을 전하라' 그리고는 하나님 나라로 가셨습니다.

그러므로 이 엄숙한 명령 앞에 아무도 '아니오.'라고 말할 수가 없습니다. 일단 예수님을 나의 구주로 영접하고 "주님!" 하고 부르는 사람은 예외 없이 이 명령에 복종할 수밖에 없는 것입니다.

만일 우리가 예수를 믿으면서도 복음을 전하라는 예수님의 말씀을 대수롭게 않게 여기면서 세상을 산다면 예수님의 가장 큰 명령을 거부하는 것입니다.

그러므로 전도도 안하고 그저 적당히 신앙생활 하면서 세월을 보내는 분들은, 천당이야 갈 지 모르지만 예수님의 가장 큰 명령을 고의적으로 거부하거나 무시하고 살았다는 점에서 책임을 면할 수가 없을 것입니다.

유명한 기독교 변증학자 C. S. 루이스는 하나님을 믿지 않는 것이 얼마나 무서운 죄가 되는지를 분명하게 표현했습니다.

"하나님 없는 삶, 하나님을 무시하는 사람은 남의 것을 어쩌다가 훔친 단순한 절도죄가 아니다. 하나님을 믿지 않는 사람은 개선의 필요가 있는 불완전한 피조물이 아니다. 하나님을 믿지 않는 사람, 그 사람은 손에 든 무기를 내려놓아야 하는 반역자다. 무기를 내려 놓고 항복하면서 잘못했다고 말하는 것, 그 동안 잘못된 길을 걸어왔음을 깨닫고 삶을 처음부터 다시 시작할 준비를 하는 것, 이것만이 그 사람이 멸망에서 빠져나올 수 있는 유일한 길이다"

전도는 교회가 세상에 존재하는 본질적인 이유이기 때문에 이것을 거역하면 교회의 머리 되신 하나님의 명령을 거역하는 거나 다름없습니다. 20)

여러분 전도를 선교사들이나 하는 특별한 소명으로 보지 마

---

20) 이동원 목사의 설교중 계속 인용

십시오. 여러분, 예수님의 나의 주님이라고 고백합니까? '주여' 하고 부릅니까? 나의 왕이라고 고백합니까? 하나님이라고 고백합니까? 그렇다면 그분이 주신 제일 큰 명령을 거역하면서 인생을 살거나 신앙생활을 할 수 없습니다. 그런 모순은 없습니다.

사도행전 1장부터 28장까지의 기간을 보통 약 30년으로 잡습니다. 그러면 사도행전에서 제일 처음 등장한 교회의 교인 수는 몇 명입니까? 120명 밖에 안됩니다.

그런데 약 30년이 지난 후, 사도행전의 기간동안 예수 믿고 돌아온 모든 성도들의 숫자를 학자들은 10만 명으로 어림잡습니다.

30년 사이에 120명의 갈릴리 촌놈들이 예수 그리스도의 복음을 전했는데, 한 세대가 가기 전에 사마리아를 넘어 헬라권에 이르기까지 수만 명의 사람들이 예수 믿고 돌아와 하나님의 자녀가 되는 기적이 일어났던 것입니다.

누구의 역사입니까? 성령의 역사입니다. 그러므로 예수님께서 성령을 통해서 그 능력이 얼마나 큰가를 입증하셨습니다. 사도들이 성령을 받고 그 능력이 얼마나 강한가를 입증한 것입니다. 초대 교회가 이 사실을 입증했습니다.

하나님은 전도를 기뻐하십니다.

"하나님의 지혜에 있어서는 이 세상이 자기 지혜로 하나님을 알지 못하는고로 하나님께서 전도의 미련한 것으로 믿는 자들을 구원하시기를 기뻐하셨도다"(고린도전서 1:21)

"내가 너희에게 이르노니 이와 같이 죄인 한 사람이 회개하면 하늘에서는 회개할 것 없는 의인 아흔아홉으로 말미암아 기뻐하는 것보다 더하리라"(누가복음 15:7)

"주 여호와의 말씀에 나의 삶을 두고 맹세하노니 나는 악인의 죽는 것을 기뻐하지 아니하고 악인이 그 길에서 돌이켜 떠나서 사는 것을 기뻐하노라 이스라엘 족속아 돌이키고 돌이키라 너희 악한 길에서 떠나라 어찌 죽고자 하느냐 하셨다 하라"(겔 33:11)

"하나님은 모든 사람이 구원을 받으며 진리를 아는데 이르기를 원하시느니라"(딤전 2:4)

예수님도 전도하러 이 땅에 오셨습니다

"이르시되 우리가 가까운 마을들로 가자 거기서도 전도하리니 내가 이를 위하여왔노라 하시고"(막 1:38)

"또 가라사대 너희는 온 천하에 다니며 만민에게 복음을 전파하라"(마가복음 16:15)

성령은 전도의 영이십니다.

"오직 성령이 너희에게 임하시면 너희가 권능을 받고 예루살렘과 온 유대와 사마리아와 땅 끝까지 이르러 내 증인이 되리라"
(행 1:8)

"선교는 교회 프로그램의 하나가 아니라 교회의 본질입니다. 교회는 하나님을 대신하여 하나님 나라밖에 있는 사람들을 하나님 나라로 끌어들이는 선교적 사명을 위해 존재합니다"(2014 미션 엑스포져, Mission Exposure)

"어두운 데에 빛이 비치라 말씀하셨던 그 하나님께서 예수 그리스도의 얼굴에 있는 하나님의 영광을 아는 빛을 우리 마음에 비추셨느니라"(고후 4:6)

"우리의 싸우는 무기는 육신에 속한 것이 아니요 오직 어떤 견고한 진도 무너뜨리는 하나님의 능력이라 모든 이론을 무너뜨리며 하나님 아는 것을 대적하여 높아진 것을 다 무너뜨리고 모든 생각을 사로잡아 그리스도에게 복종하게 하니"(고후 10:4-5)

하나님은 선교하는 민족을 축복하셨습니다. 선교하는 교회와 성도들을 축복하셨습니다. 선교하려는 사업을 축복하셨습니다

"지혜 있는 자는 궁창의 빛과 같이 빛날 것이요 많은 사람을 옳은데로 돌아오게 한 자는 별과 같이 영원토록 비취리라"
(다니엘 12:3)

# 제자훈련 양육의 필요성

예수님은 요한복음 21장에서 이제 우리들에게 새로운 사명을 주십니다. 그것은 당신의 양들을 양육하라는 새로운 사명입니다.

'내 양을 치라' '내 양을 먹이라'는 주님의 마지막 명령은 이제 주님이 세상을 떠나시기 전, 베드로에게 만이 아니라 우리 모두에게 일임한 마지막 주님의 유언인 것입니다,

주님을 사랑하는 모든 자는 '내 양을 치라' '내 양을 먹이라'는 주님의 우리에게 남기신 마지막 명령과 마지막 유언의 위대한 명령(great commission) 앞에 서있는 것입니다.

> "그들이 조반 먹은 후에 예수께서 시몬 베드로에게 이르시되 요한의 아들 시몬아 네가 이 사람들보다 나를 더 사랑하느냐 하시니 이르되 주님 그러하나이다 내가 주님을 사랑하는 줄 주님께서 아시나이다 이르시되 내 어린 양을 먹이라 하시고 또 두 번째 이르시되 요한의 아들 시몬아 네가 나를 사랑하느냐 하시니 이르되 주님 그러하나이다 내가 주님을 사랑하는 줄 주님께서 아시나이다 이르시되 내 양을 치라 하시고 세 번째 이르시되 요한의 아들 시몬아 네가 나를 사랑하느냐 하시니 주께서 세 번째 네가 나를 사랑하느냐 하시므로 베드로가 근심하여 이르되 주님

모든 것을 아시오매 내가 주님을 사랑하는 줄을 주님께서
　아시나이다 예수께서 이르시되 내 양을 먹이라"(요 21:15-17)

한국의 정체되고 침체되어 있으며 체질이 약화되어가고 있는 현대의 교회에 제자훈련은 반드시 필요하다. 교회가 크거나 작거나 제자훈련을 통하여 체질을 강화시켜 건강한 교회로 세워가야 할 것이다.[21]

제자훈련은 성경적이요 신학적이며 예수님이 교회에 주신 원리이다. 이 원리는 교회사를 통하여 제자훈련이 왕성할 때는 교회가 부흥하고 성장하였으나 제자훈련이 약화될 때에는 교회가 책임을 다하지 못하여 세상으로부터 비난을 받으며 쇠약하였던 것으로 나타났다.

중세교회가 타락한 것도 영국의 교회들이 유럽의 교회들이 무너지는 까닭은 바로 제자들이 적었기 때문이었다. 한국교회도 미국교회도 문화적인 그리스도인들이 많다.

예배를 구경하는 그리스도인들이 많고 교회에서 훈련받기를 싫어하고 정착하지 아니하고 떠돌이 철새 그리스도인이 늘어나고 있다면 한국교회도 위험한 지경에 이르고 있는 것이다.

하나님은 교회를 참 제자들에 의하여 세워 가신다. 예수님의

---

21) 이후 권순호 "개혁주의 교회성장"에서 인용

제자로 예수님의 제자훈련 원리에 따라 훈련된 제자들이 이 시대의 교회를 침체에서 건지고 성장시킬 수 있다.

하나님의 전신갑주를 입고 영적으로 훈련을 받고 영적무장을 함으로 자기 몸을 의의 병기로 드릴 때에 영적전쟁에서 승리하여 이 땅에 교회가 성장할 수 있을 것이다. 옥토 밭 같은 심령들이 제자훈련을 받고 교회에 충성할 때에 교회는 성장할 수 있다.

교회성장에는 반드시 제자훈련이 필요하다. 예수님이 제자들을 선택하여 제자훈련을 시키셨고 그 제자들이 예수님의 명령을 들고 세상에 나갈 때에 예루살렘교회가 세워졌고 하루에 3000명이나 회개하고 돌아온 역사가 일어났던 것이다.

그 제자들이 또 다른 충성스런 사람들을 제자로 삼아 훈련시키었고 그들이 또 다른 사람들에게 부탁하여 그 역사는 오늘날까지 이어져 오고 있으며 그로 인하여 우리들의 교회가 세워졌다.

이제 내가 먼저 제자훈련을 받아 예수님의 제자가 되고 세상에 나가 모든 족속으로 제자를 삼아 아버지와 아들과 성령의 이름으로 세례를 주고 예수님이 분부한 모든 것을 가르쳐 지키게 해야 한다.

제자훈련의 궁극적인 목적은 예수 그리스도의 인격과 삶을 본받는 신자의 자아상을 확립하는 것이다. 예수의 제자로서 예수 그리스도가 훈련의 주제이며 표준이고 목표이다.

예수의 제자가 된다는 것은 예수를 왕으로, 주인으로 모시고, 따르며 배우고 순종하는 사람이 되는 것으로 인격적인 면과 사역적인 면이 포함된다. 제자훈련의 궁극적인 목적은 모든 사람들을 예수 안에서 성숙한 그리스도인으로 성장시키는 것이다.

# ※ 진단 점검 사항 ※

❶ 당신의 교회에는 전도특공대(전도헌신자)가 존재합니까?

❷ 당신의 교회에는 새신자부가 존재합니까?

❸ 당신의 교회에는 새신자를 위한 체계적인 양육
   프로그램이 존재합니까?

❹ 당신의 교회에는 새신자 초청주일이 존재합니까?

❺ 당신의 교회에는 매주 등록하는 새신자가 있습니까?

❻ 당신의 교회는 전도에 대한 설교가 이루어지고
   있습니까?

❼ 당신의 교회는 세계에 선교사를 파송하는 교회입니까?

❽ 당신의 교회에서는 전도사역을 위하여 중보기도하고
   있습니까?

❾ 당신의 교회에서는 단기선교가 이루어지고 있습니까?

❿ 당신의 교회에는 개척교회들을 후원하고 있습니까?

"나는 나 자신의 개인적인 결과에 상관없이
복음을 선포하도록 운명지어졌다"
(진젠도르프, Zinzendorf)

1) 이덕주, "이덕주 교수가 쉽게 쓴 한국 교회 이야기"
2) Ibid.
3) 조하식, "미국 연합기도 부흥운동 1857~1859"
4) Ibid.